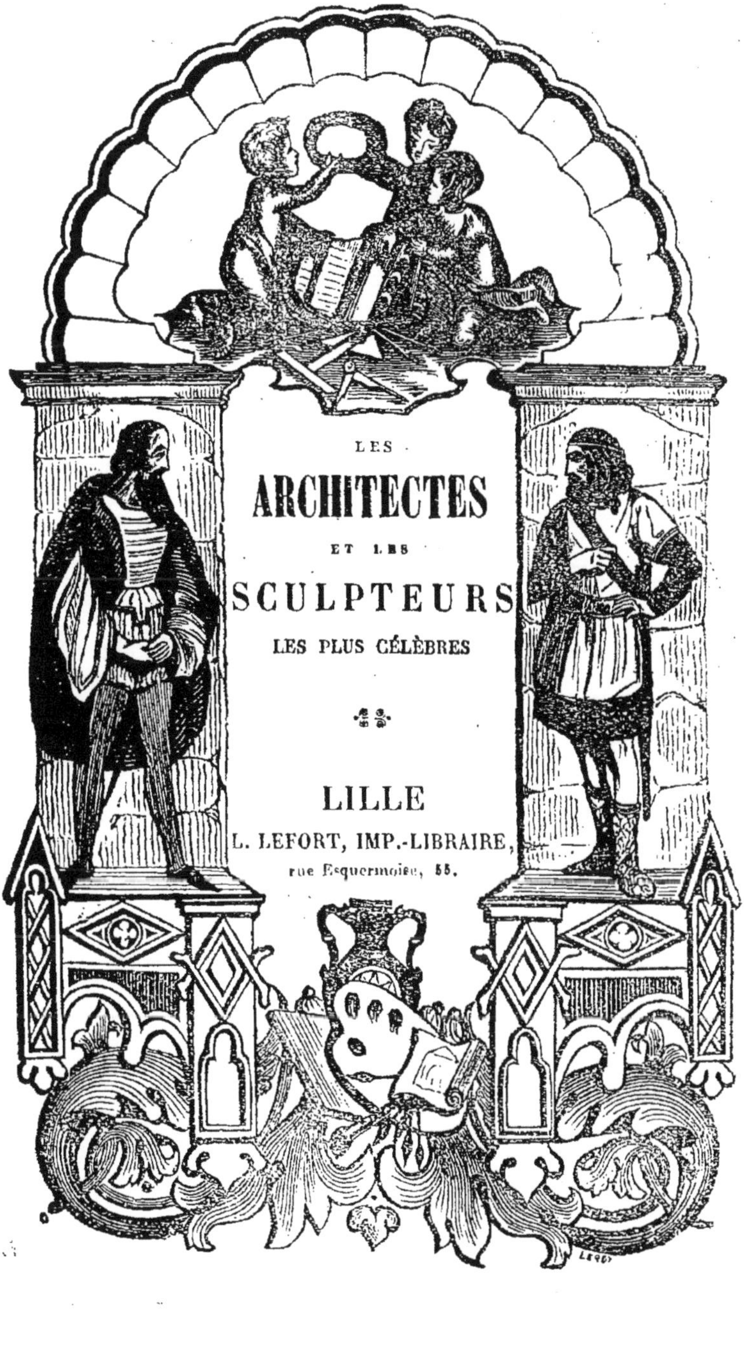

LES

ARCHITECTES

ET LES

SCULPTEURS

LES PLUS CÉLÈBRES

LILLE

L. LEFORT, IMP.-LIBRAIRE,
rue Esquermoise, 55.

LES ARCHITECTES
ET LES SCULPTEURS

A LA MÊME LIBRAIRIE :

LES HOMMES D'ÉTAT LES PLUS CÉLÈBRES. in-12.

LES PRÉLATS LES PLUS ILLUSTRES. in-8°.

LES MODÈLES les plus illustres dans le sacerdoce et la religion. in-8°.

LES MAGISTRATS LES PLUS CÉLÈBRES. in-12.

LES MARINS LES PLUS CÉLÈBRES. in-12.

LES PEINTRES LES PLUS CÉLÈBRES. in-12.

LES MÉDECINS LES PLUS CÉLÈBRES in-12.

LES ARTISANS LES PLUS CÉLÈBRES. in-12.

LES MUSICIENS LES PLUS CÉLÈBRES. in-8°.

LES NAUFRAGES LES PLUS CÉLÈBRES. in-12.

LES DÉCOUVERTES les plus utiles, in-12.

LA FRANCE CHRÉTIENNE. in-12.

HISTOIRE DE CHRISTOPHE COLOMB in-12.

LES GUERRIERS LES PLUS CÉLÈBRES de la France. in-12.

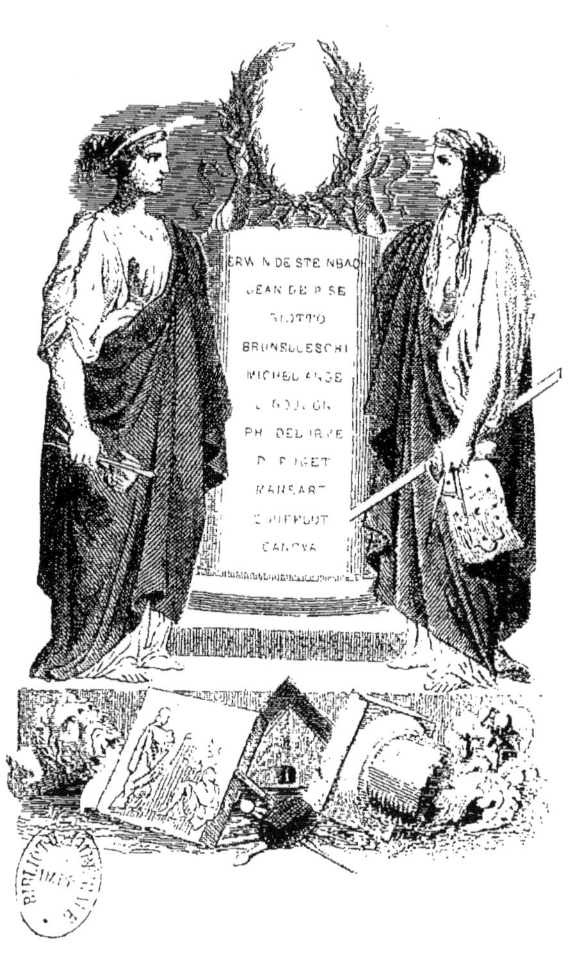
BRUNELLESCHI
MANSART

LES

ARCHITECTES

ET LES

SCULPTEURS

LES PLUS CÉLÈBRES :

Ervin de Steinbach. – Pierre de Montereau.

Jean de Pise. – Arnolfo.

Giotto. – Brunelleschi. – Michel-Ange. – Jean Goujon. – Philippe Delorme.

Bernini. – Perrault. – Fontana.

Coysevox. – P. Puget – Mansart. – Couston.

Soufflot. – Canova.

DEUXIÈME ÉDITION

LILLE

L. LEFORT, IMPRIMEUR-LIBRAIRE

M D CCC L IX

INTRODUCTION

Après avoir successivement offert à la jeunesse une galerie des *plus célèbres marins*, *guerriers*, *hommes d'Etat*, *magistrats*, *savants*, *médecins*, nous publions aujourd'hui une galerie des *plus célèbres artistes*. Dieu, le créateur de l'univers, est le grand ouvrier, l'artiste suprême. Mais au-dessous de lui, ici-bas, des hommes animés de ce souffle divin qu'on nomme génie s'efforcent de réfléchir quelque chose de sa puissance créatrice. Les beaux-arts, considérés dans leur véritable et céleste origine, sont la reproduction du beau, cet attribut essentiel de la Divinité, qui, avec le vrai et le bien, forme les plus éclatants rayons de sa gloire.

Consacrer sa vie à ce noble labeur, c'est être artiste. Oh ! qu'elle est donc grande, élevée cette mission ! Eriger des temples à Dieu, des palais, des monuments à la cité ; sculpter sur le marbre ou l'airain la figure des grands hommes ; reproduire sur la toile une fidèle image du passé et les actions dignes d'un immortel souvenir : quel sublime apostolat !....

Ce langage muet qui sort d'une toile, d'un marbre rendu vivant par l'effort du génie, n'est-il pas éloquent, à l'égal des plus beaux discours ? Voilà pourquoi la religion qui appelle dans ses temples des orateurs pour enseigner et moraliser les peuples, appelle aussi les arts dans leur enceinte. Voilà pourquoi le christianisme a toujours aimé, protégé, glorifié les artistes.

Glorifier à leur tour la religion, exciter à la vertu par la reproduction du beau, quoi de plus juste, quoi de plus honorable ! Mais hélas ! combien d'artistes, de nos jours surtout, méconnaissent leur sainte mission et font descendre leur rôle sublime jusqu'à celui d'un métier vulgaire ! heureux encore quand, ne dénaturant pas entièrement le véritable but de l'art, ils ne l'emploient pas comme un moyen de corruption !

L'art ancien, l'art grec, roi de l'antiquité, n'a point connu cette sainte mission dévolue aux artistes. Tout ce qu'il enfanta, sous l'empire du paganisme, il le fit pour le plaisir de l'imagination et pour la séduction des sens. La destinée de l'art est de retrouver dans l'homme l'image de Dieu ; l'art païen fit des dieux à l'image de l'homme.

Quelque brillant qu'on le suppose au temps d'Apelle et de Zeuxis, quelque perfection que présentent ses formes sous le ciseau de Phidias, de Praxitèle, l'art ancien fut donc mauvais comme œuvre de moralisation, parce qu'il fut sensuel; enfant parricide, il empoisonna, par la corruption, la société qui l'avait enfanté.

« La chute d'Athènes, dit un savant écrivain, prend date du siècle de Périclès, et la vieillesse de Rome commence au temps d'Auguste. Or, quand l'art détruit l'esprit de vie, il manque à sa vocation qui est de l'entretenir, il se manque à lui-même, il se prépare la mort comme le scorpion qui se tue après avoir tué. »

« D'ailleurs, il s'était enchaîné à la figure, il s'était arrêté à la superficie; et les figures et les surfaces, quelque variées qu'elles soient, sont bornées en nombre ; le champ du fini est bien vaste, mais il a ses limites.

» Un jour donc vint où l'art ancien ayant tout imité, ayant épuisé tous les aspects de la création et ne rencontrant point de Créateur, dût mourir d'inanition et de lassitude. Il mourut, et le temps renversa ses monuments : il les aurait ensevelis sous la poussière de quinze siècles, si la religion, jalouse de conserver toutes les œuvres de l'esprit humain lorsqu'au milieu de ses égarements il y a déposé quelques vestiges de puissance et de gloire, n'eût envoyé les moines pour sauver les livres et les multiplier dans leurs silencieuses veilles, et les papes pour protéger les temples en les consacrant et relever les statues enfouies[1].... »

Dans la société régénérée par le christianisme,

[1] A. F. Ozanam.

au contraire, une belle place est réservée à l'art. Un nouvel horizon brille pour le génie : au-delà des objets qui se voient et qui se touchent, il devine ce qui est; au-delà des phénomènes de la vie, il en pressent les lois et la fin. Il ne découvre point face à face l'ordre universel avec ses innombrables ressorts ; mais partout où il porte les yeux, il aperçoit de vives clartés à côté d'une ombre de Dieu qui se nomme mystère.

L'art chrétien, s'élançant dans le champ de l'infini, revêt donc toutes les variétés de la pensée humaine; il se fait tour à tour grand et petit, sublime et naïf, sombre et riant ; tous les temps, tous les lieux se ressentent de son influence. Dans la peinture, il enfante cette noble phalange, qui sait animer la toile d'une vie céleste et qui va chercher ses inspirations dans tout ce qu'il y a de plus pur, de plus suave et de plus élevé [1]; dans la sculpture, il dirige le ciseau des maîtres, il révèle un ordre de beauté supérieur à l'art profane et dégagé de tout alliage indigne du véritable génie; mais c'est surtout dans l'architecture qu'il prend son essor, qu'il ravit les âmes jusqu'aux plus sublimes hauteurs, et que, dans des temps où la science, les lettres et la civilisation semblaient stationnaires, il sème sur le sol de l'Europe, ces étonnantes merveilles qui survivent à l'action des siècles et qui restent debout au milieu de tant de ruines comme pour proclamer devant tous les âges la gloire et la puissance du Très-Haut.

[1] Voyez *Les Peintres les plus célèbres*. 1 vol. in-12.

« C'est le XIIIe siècle, a dit un de nos plus grands écrivains, qui, avec la cathédrale de Cologne, commence cette longue série de splendeurs qui ne finit qu'au dôme de Milan. L'architecture, le premier des arts pour la durée, pour la popularité et la sanction religieuse, devait être aussi le premier à subir la nouvelle influence qui s'était développée chez les peuples chrétiens, le premier où s'épanouiraient leurs grandes et saintes pensées. Il semble que cet immense mouvement des âmes que représentent saint Dominique, saint François et saint Louis, ne pouvait avoir d'autre expression que ces gigantesques cathédrales, qui paraissaient vouloir porter jusqu'au ciel, au sommet de leurs tours et de leurs flèches, l'hommage universel de l'amour et de la foi victorieuse de chrétiens.

» Les vastes basiliques des siècles précédents leur paraissent trop nues, trop lourdes, trop vides pour les nouvelles émotions de leur piété, pour l'élan rajeuni de leur foi. Il faut à cette vive flamme de la foi le moyen de se transformer en pierre et de se léguer ainsi à la postérité. Il faut aux pontifes et aux architectes quelque combinaison nouvelle qui se prête et s'adapte à toutes les nouvelles richesses de l'esprit catholique : ils la trouvent en suivant ces colonnes qui s'élèvent vis-à-vis l'une de l'autre dans la basilique chrétienne, comme des prières qui, en se rencontrant devant Dieu, s'inclinent et s'embrassent comme des sœurs : dans cet embrassement, ils trouvent l'ogive. Par son apparition, qui ne devient un fait général qu'au XIIIe siècle, tout est modifié, non pas dans le sens intime et mystérieux des édifices religieux, mais dans leur forme extérieure. Au lieu de s'étendre sur la terre comme de vastes toits destinés à abriter les fidèles, il faut que tout jaillisse et s'élance vers le Très-Haut. La ligne horizontale disparaît peu à peu, tant l'idée de l'élévation, de la tendance au ciel domine. A dater de ce moment, plus de cryptes, plus d'églises souterraines; la pensée chrétienne, qui n'a plus rien à craindre, se produira tout entière au grand jour.

» Dieu ne veut plus, — dit *le Titurel*, le plus grand poëme de l'époque et où se trouve formulé l'idéal de l'architecture chrétienne, — Dieu ne veut plus que son cher peuple se rassemble d'une manière timide et honteuse dans des trous et des cavernes. « Comme il a voulu donner tout son sang dans les croisades, ce cher peuple vient maintenant donner toutes ses fatigues, toute son imagination, toute sa poésie, pour qu'on fasse à ce même Dieu des palais dignes de lui.

» D'innombrables beautés fleurissent de toutes parts dans cette germinaison de la terre fécondée par le catholicisme, et qui semble reproduite dans chaque église par la merveilleuse végétation des chapitaux, des clochetons et des fenêtrages.

» Nous serions entraînés mille fois trop loin, si nous entrions dans le détail de tout ce que cette transformstion de l'architecture au XIIIe siècle a valu au monde de grandeur et de poésie. Il faut nous borner à constater que la première et la plus complète production, au moins en Allemagne, de l'architecture dite gothique ou ogivale, a été l'église bâtie sur le tombeau de la *chère sainte Elisabeth*, avec le produit des offrandes de la foule de pèlerins qui y affluaít.

» Il nous faut aussi rappeler au moins les noms de quelques-unes des immortelles cathédrales qui s'élevaient en même temps sur tous les points de l'Europe chrétienne, et qui, si elles ne furent pas toutes achevées alors, eurent leur plan tracé par la main d'hommes de génie qui ont dédaigné de nous laisser leur nom ; ils aimaiont trop Dieu et leurs frères pour aimer la gloire !

» C'était en Allemagne, après Marbourg, Cologne (1246), l'église-modèle, où l'espérance de la foi se montre plus longue que sa durée, mais qui, restée suspendue dans sa gloire, est comme un défi jeté à l'impuissance moderne ; Cologne, qui forme avec Strasbourg et Fribourg la magnifique trilogie gothique des bords du Rhin.

En France, Chartres, dédiée en 1260, après un siècle et demi de persévérance; Reims (1232), la cathédrale de la monarchie; Amiens (1228); Beauvais (1250); la Sainte-Chapelle et Saint-Denis, la façade de Notre-Dame (1223); en Belgique, Sainte-Gudule de Bruxelles (1226), et l'église des Dunes, bâtie par quatre cents moines en cinquante ans (1214-62); en Angleterre, Salisbury, la plus belle de toutes (1220); une moitié de Yorck (1227-60), le chœur d'Ely (1235), la nef de Durham (1212), et l'abbaye nationale de Westminster (1247); en Espagne, Burgos et Tolède, fondées par saint Ferdinand (1228), et presque toutes ces œuvres colossales entreprises et menées à fin par une seule ville ou un seul chapitre, tandis que les plus puissants royaumes d'aujourd'hui seraient hors d'état avec toute leur fiscalité d'en achever une seule.

» Victoire majestueuse et consolante de la foi et de l'humanité sur l'orgueil incrédule ; victoire qui étonnait dès ce temps-là même les âmes simples et arrachait à un moine ce cri de naïve surprise : « Comment se fait-il que dans des cœurs si humbles il y ait un si fier génie![1] »

Nous avons cru que rien ne pouvait mieux servir d'introduction à notre ouvrage, que cette glorieuse nomenclature d'édifices consacrés à la religion, puisque les hommes de génie qui en ont conçu le plan et qui les ont légués à la postérité, ont dérobé leurs noms à l'admiration et à la reconnaissance des siècles futurs.

[1] Montalembert, *Histoire de sainte Elisabeth.*

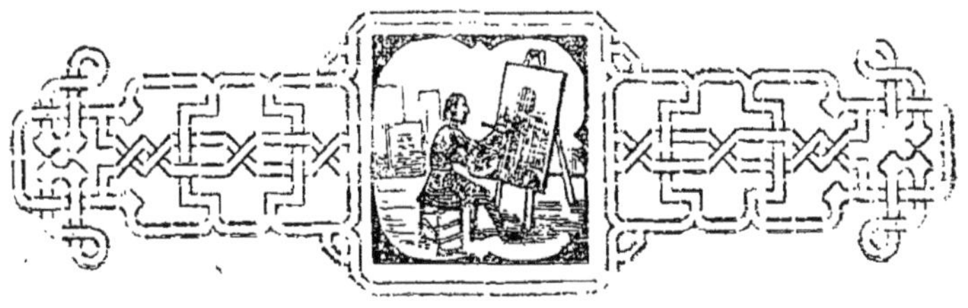

LES ARCHITECTES

ET LES SCULPTEURS LES PLUS CÉLÈBRES

Erwin de Steinbach (ARCHITECTE).

XIIIe SIÈCLE.

ERWIN DE STEINBACH, né dans la petite ville de ce nom (Bade) au XIIIe siècle, est l'un de ces célèbres architectes du moyen-âge qui ont échappé au naufrage des temps. On ne connaît point le détail de ses œuvres. Mais qu'importe! une seule a suffi pour lui mériter un nom glorieux dans l'histoire de l'art. Erwin a donné le plan et dirigé la construction du portail et de la tour de la cathédrale de Strasbourg, ce chef-d'œuvre d'architectuce, qui forme avec Cologne et Fribourg, suivant l'expression d'un noble écrivain, la *magnifique trilogie gothiqne des bords du Rhin*[1].

La vaste nef de ce temple, commencée en 1015 par l'évêque Wermar de Habsbourg, était terminée lorsque parut Erwin, chargé de construire le grand portail. La première pierre fut posée, dit-on, en 1277. L'habile artiste en dirigea les travaux, il y déploya toutes les magnificences de son art. La rose centrale est surtout un chef-d'œuvre de goût et de grâce. Que de beautés dans cette fleur gothique, épanouie avec tant de splendeur, quand le soir, au soleil couchant, elle étale les mille compartiments de sa riche corolle, et par l'éclat de ses couleurs, produit un effet eblouissant!... Ce portail n'est point cependant en harmonie parfaite avec la nef; Erwin, jugeant cette nef trop basse relativement à la tour qu'il avait projetée, a donné à sa façade des proportions plus élevées. Mais quand on contemple ce beau frontispice si riche de prodiges de sculpture, si merveilleusement couronné par la flèche élancée, comment oser critiquer le désaccord qui se trouve entre la façade et le corps de l'édifice! Les yeux éblouis par tant de

[1] De Montalembert.

beautés sont pleinement satisfaits, et l'admiration ne laisse point de place à un autre sentiment.

Mais c'est la tour, c'est la flèche, qui attire mieux encore les regards, et provoque notre enthousiasme, notre amour. « Les anciens, dit M. Bourassé[1], avaient placé la plus haute des pyramides d'Egypte au nombre des sept merveilles du monde, à cause de sa masse énorme et de sa hauteur prodigieuse. Ils avaient été frappés d'admiration, en considérant l'imposante grandeur de ses proportions, les immenses difficultés de travail heureusement vaincues, et surtout l'élévation de sa tête, qui semblait se perdre dans la région des nuages. Combien les impressions sont plus saisissantes quand on est au pied de la façade de la cathédrale de Strasbourg! La flèche pyramidale le dispute en hauteur au gigantesque cheops; mais quelle différence dans la construction! Ici, c'est l'élégance la plus exquise, la grâce la plus parfaite; là, c'est la lourdeur immobile, la solidité sans déguisément. La flèche de Strasbourg s'élance dans les cieux, aérienne et transparente; la pyramide égyptienne s'attache à la terre, qu'elle paraît écraser de son poids. La première nous donne l'idée de la matière transformée, pour ainsi dire, sous le génie

[1] *Les Cathédrales de France.*

chrétien, prenant son essor vers le trône de Dieu pour y porter les vœux et les prières des fidèles; la seconde rampe à la surface du sol, comme un de ces monstres adorés jadis sur les rivages du Nil, n'osant lever la tête au-dessus des roseaux qui bordent le fleuve. Il y a, dans ces deux monuments, toute la distance d'une architecture sublime inspirée par une religion sublime, aux informes essais d'un art barbare. D'un côté, le symbolisme, la spiritualisation des beaux arts; de l'autre, la suprématie de la matière, l'énormité dans l'accumulation des matériaux prise pour la grandeur et la beauté : à Strasbourg l'œuvre du génie; en Egypte l'œuvre de la force brute. »

La reputation de la flèche de Strasbourg est depuis longtemps populaire chez toutes les nations de l'Europe. Quelle merveilleuse légèreté! quel art dans ces ornements innombrables qui couvrent les massifs et en indiquent les divers étages, dans cette décoration prodigue qui embellit le corps de la tour, et dans ces tourelles dégagées où l'on voit monter les spirales déliées de ses quatre escaliers! La finesse des détails s'unit à la grâce des formes. La disposition savante de la pointe aigüe, terminée par une glorieuse couronne surmontée du signe de la Croix, concourt à porter au suprême degré l'étonnement et l'admiration qu'inspire ce chef-d'œuvre de l'architecture sacrée du moyen-âge.

La tour de Strasbourg est le point culminant de toutes les constructions humaines éparses dans l'univers. La flèche aérienne, portant sa tête orgueilleuse à cent cinquante-quatre mètres au-dessus du sol, domine en effet le dôme de Saint-Pierre de Rome, la tour de la cathédrale de Vienne et la plus grande des pyramides d'Egypte[1]. Et cependant, percée à jour de la base au sommet, partout asssez creuse pour contenir des escaliers, la tour n'a pour supporter sa taille colossale, que de rares pleins de maçonnerie, que ses membrures proportionnellement frêles et délicates. Faisant corps avec l'édifice jusqu'à deux cents pieds au-dessus du sol, elle s'en détache hardiment à la première plate-forme, et s'élance dans les airs isolée et sans appui, emportant avec elle dans l'espace quatre sveltes tourelles accollées à ses flancs. Vous la voyez ensuite, après s'être reposée sur une seconde plate-forme, se changer en une pyramide, que tailladent profondément sept ou huit étages posés les uns sur les autres. Se resserrant et s'effilant d'étage en étage, cette pyramide n'est bientôt plus

[1] Le dôme de Saint-Pierre a cent cinquante-deux mètres de hauteur, la tour de la cathédrale de Vienne cent cinquante-un, et la pyramide de cheops cent cinquante.

qu'une ligne légère qui se perd dans les airs, croisée dans sa route par le symbole chrétien.... Oh ! que sont toutes nos colonnes monumentales, nos arcs de triomphe, nos obélisques, en regard de cette merveille de Notre-Dame de Strasbourg !...

Erwin de Steinbach, qui mourut en 1318, légua à son fils Jean son œuvre inachevée. Celui-ci fut remplacée en 1359 par Hultz de Cologne. La tour fut enfin terminée en 1365; mais le globe de fer et la croix qui surmontent la flèche ne furent placés qu'au siècle suivant.

La tradition nous montre une gracieuse jeune fille, artiste habile, sculptant plusieurs statues au portail méridional, et peut-être aussi celle du *Pilier des anges*. C'est Sabine, la fille bien-aimée d'Erwin. La statue de la sainte Vierge, au portail de la cathédrale, qui porte une couronne sur la tête et un calice dans la main droite, est, dit-on, l'ouvrage de Sabine. Dans une figure d'une grande finesse, fixant les yeux sur le *Pilier des anges* et située près de l'angle de l'arrière-chœur, on a cru reconnaître un portrait de l'immortel architecte de Steinbach. Semblable en effet à celui que l'on voit au bas de la tour supérieure, il offre dans tous ses traits une expression pleine de mélancolie, de profondeur et de génie. Serait-ce une inspiration de la piété filiale? Il est permis de le croire, et l'imagination aime à s'arrêter sur cette douce pensée.

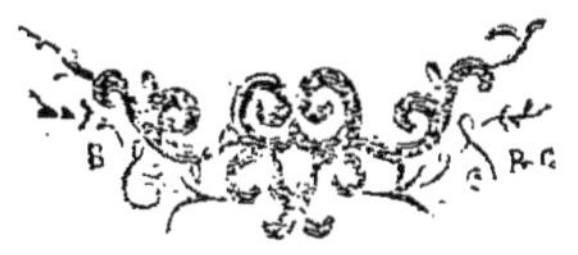

Pierre de Montereau (ARCHITECTE).

XIII° SIÈCLE.

Pierre de Montereau ou de Montreuil, architecte, florissait sous le règne de saint Louis, qui l'honora de sa confiance. On le confond à tort avec Eudes de Montreuil, autre architecte du temps, qui suivit le saint roi dans son expédition de Syrie. Pierre de Montereau est l'artiste habile qui construisit le réfectoire de Saint-Martin-des-Champs, le dortoir, la salle capitulaire et la chapelle de la Vierge à l'abbaye de Saint-Germain-des-Prés, monuments qui ne subsistent plus, mais dont les vieux historiens vantent la beauté, la grandeur et l'élégance. Un autre édifice, debout encore, donne une juste idée du talent de Pierre de Montereau. C'est la charmante chapelle gothique du château de Vincennes, touchant monument de la piété du royal justicier, qui, « après avoir ouï la messe en été, comme dit Joinville, s'alloit esbattre au bois de Vincennes, s'asseyoit au pied d'un chesne, et là, écoutoit tous ceux qui, ayant affaire à lui, venaient lui parler, sans que nul huissier s'avisât d'y mettre empêchement. »

Mais le chef-d'œuvre du célèbre architecte est la *Sainte-Chapelle* de Paris. Saint Louis, voulant élever dans son palais un sanctuaire destiné à recevoir la sainte Couronne d'épines, un morceau de la vraie Croix, et d'autres reliques que lui avait données Bauduin IV, empereur de Constantinople, chargea Pierre de Montereau de la construction de ce monument. Le pieux artiste, digne interprête de la pensée du roi son maître, répondit merveilleusement à son attente. On vit alors surgir, dans l'espace de trois années (de 1242 à 1245), cet admirable édifice que nos yeux contemplent aujourd'hui encore avec ravissement. Restaurée dans ces derniers temps avec intelligence, la *Sainte-Chapelle* s'offre à nos regards, presque intacte, avec toutes ses beautés du dedans et du dehors : on regrette seulement de ne plus voir la flèche élégante qui la couronnait avec tant de grâce et de majesté. L'espace nous manque pour décrire ici l'un des plus beaux produits de l'art gothique ou ogival au XIIIe siècle[1]. Contentons-nous d'admirer la légèreté, l'éléva-

[1] Voir cette description dans tous ses détails dans l'*Histoire de la Sainte-Chapelle*, par l'abbé Morand.

tion, la hardiesse, les belles proportions enfin de ce chef-d'œuvre de l'architecture chrétienne, et que notre admiration se partage entre le saint roi, son fondateur, et l'architecte d'un monument auquel il semble qu'une main surhumaine a prêté son céleste concours.

Pierre de Montereau joignait à de rares talents une probité et des vertus plus rares encore. Cet homme estimable mourut le 17 mars 1266, et fut inhumé à l'abbaye de Saint-Germain-des-Prés, dans le chœur de la chapelle de Notre-Dame qu'il avait construite. Il était représenté sur sa tombe en pierre de liais, tenant à la main une règle et un compas, avec cette épitaphe :

Flos plenus morum, vivens doctor latomorum,
Musterolo natus, jacet hic Petrus tumulatus.
Quem rex cœlorum perducat in alta polorum.
Christi milleno bis centeno duodeno
Cum quinquageno quarto decessit in anno.

Son épouse, Agnès, lui survécut peu de temps, et son corps fut placé dans le même tombeau.

Jean de Pise (SCULPTEUR ET ARCHITECTE).

12... — 1320.

Si de la France nous passons en Italie, nos regards s'arrêtent tout d'abord sur Nicolas Pisan et son illustre famille, fondateur à Pise et à Sienne de cette sculpture chrétienne, si vivante et si pure, qui donnait du cœur à la pierre... L'Italie ! c'est toujours la terre privilégiée des beaux-arts. Dans cette belle contrée, on ne trouve aucun siècle, à partir du xe, qui ne puisse se vanter de quelque édifice digne sous divers rapports des regards de tous les âges, même les plus éclairés. Tel est le *Campo-Santo* ou le cimetière de Pise, monument toujours admirable du savoir de ce temps, de la piété publique qui en a donné l'idée, et du génie qui l'exécuta [1].

Nicolas Pisan, né à Pise, au commencement du xiiie siècle, n'avait point eu de maître. Il se forma par son propre génie, ou bien à cette sorte d'école que Buschetto avait composée, dans le dôme de Pise, de nombreux

[1] Quatremère de Quincy.

fragments d'antiquité épargnés par le temps. Il embellit sa patrie de plusieurs monuments. Ses chefs-d'œuvre en sculpture sont la chaire en marbre du baptistère de Pise, le baptistère du dôme de Sienne, et le tombeau de saint Dominique à Bologne. On lui doit aussi l'église de la Trinité à Florence, d'un goût si simple et si pur, que Michel-Ange, l'appelant sa *dame favorite*, ne pouvait se lasser de l'admirer. Ce grand artiste mourut à Sienne, vers 1270, laissant un fils digne héritier de son talent et de son nom.

Jean de Pise, né vers le milieu du XIIIe siècle, fut formé par les leçons de son illustre père, dont il ne tarda pas d'égaler la science et les talents. Plusieurs villes d'Italie eurent les prémices de son génie. Telle fut Pérouse, qu'il embellit d'une fontaine monumentale composée d'un triple rang de bassins de marbre et de bronze. A peine ce travail était-il achevé, que Jean de Pise retourna dans sa patrie, où Nicolas, son père, venait de mourir emportant l'estime universelle que de grands travaux et de longs souvenirs lui avaient acquise et conservée jusqu'au dernier moment. Les travaux dont Jean de Pise fut chargé dans la petite église de *Santa Maria della Spina*, précieux bijou de l'art gothique, donnèrent de son talent l'idée la plus avantageuse, et lui valurent l'honneur d'être choisi pour la belle entreprise du *Campo-Santo.*

« Le *Campo-Santo* de Pise est l'une des plus sublimes et des plus touchantes créations du génie chrétien au moyen-âge. Si toutes les religions ont révéré le culte des morts, le christianisme seul a su lui donner cette pompe, cet éclat qui honore dignement les restes mortels sanctifiés par la présence de l'Esprit-Saint ; il réveille hautement dans les cœurs des pensées de gloire céleste et d'immortalité. On sait quels honneurs extraordinaires il rend aux reliques des saints. Dans le *Campo-Santo* de Pise sont couronnés d'autres héros qui, après avoir par de nobles actions défendu, servi leur patrie, sont morts dans la foi laissant à leurs concitoyens un nom glorieux avec le souvenir de beaux exemples de courage et de vertus. Pour leurs restes vénérés, la patrie reconnaissante avait donc préparé une tente d'honneur. Convoqués par elle dans son sein, la religion et les arts comme deux sœurs amies, avaient travaillé de concert, afin de la rendre magnifique et digne des grands hommes dont elle devait renfermer la cendre [1]. »

La république de Pise avait depuis longtemps conçu le projet du *Campo-Santo* ou cimetière d'honneur, pour

[1] *La Vierge et les Saints en Italie.*

dégager ses églises, tant au dedans qu'au dehors, de l'inconvénient des inhumations trop nombreuses. Une circonstance particulière vint encore la fortifier dans son dessein [1]. Vers l'an 1228, cinquante galères pisanes, parties pour aller secourir l'empereur Frédéric Barberousse, revinrent de la Palestine, chargées de terres enlevées à Jérusalem sur l'emplacement du saint-sépulcre, et les transportèrent à Pise. La quantité qu'on en déchargea couvrit l'espace actuelle du *Campo-Santo* dans la profondeur d'environ neuf pieds. Outre le prix que la dévotion donnait à cette terre, elle avait, assure-t-on, la propriété de consumer les corps en vingt-quatre heures. Autant pour honorer cette pieuse conquête d'une enceinte digne d'elle que pour rendre un hommage respectueux à leurs illustres morts, les Pisans résolurent de construire un monument assez beau pour servir de modèle aux autres peuples dans leurs sépultures nationales. Ce monument devait être aussi le dépôt des mausolées qui, trop multipliés dans les temples, déprimaient leur aspect au lieu de l'embellir; tel fut le projet qu'eut à réaliser le génie de Jean de Pise.

Le grand artiste adopta le plan le mieux approprié à

[1] Le plan du *Campo-Santo* fut conçu en 1200 par l'archevêque Ubaldo, et ne fut exécuté qu'en 1278. Il fut terminé l'an 1282.

la destination de l'édifice. Il construisit une sorte de cloître parallélogramme enfermant dans ses quatre faces une vaste cour de quatre cent cinquante pieds de long, environnée de portiques couverts formés par soixante-deux arcades en plein ceintre, avec des intervalles remplis par d'autres petites arcades ogivales. Jean de Pise développa dans cette œuvre un talent merveilleux, et à bien des égards supérieur à son siècle. Le *Campo-Santo* si religieux, si solennel, ce magnifique représentant du moyen-âge tout entier, est un de ces édifices qui parlent à l'âme, à l'imagination, et auxquels la pensée rêveuse ajoute un charme particulier. Mais quel que soit le sentiment qui, s'attachant à l'ouvrage de Jean de Pise, contribue à renforcer les impressions des spectateurs de ce beau monument, les artistes eux-mêmes ne peuvent s'empêcher d'y admirer une conception grande, une élévation sage, une exécution précieuse dans ses détails, la pureté d'un goût correct que n'ont point surpassés les siècles modernes. Monument unique de la foi, de la gloire et du génie d'une cité chrétienne, le *Campo-Santo* de Pise honorera toujours la fière république qui fut au moyen-âge la rivale de Gênes et de Venise, et l'éminent artiste dont le génie à su exécuter cette merveille.

Quel spectacle que cette réunion d'hommes célèbres

dont la république de Pise a consacré sous ses portiques les fidèles images, ou conservé sur le marbre le nom et la mémoire ! Quel incomparable musée chrétien dans ces débris des peintures des premiers artistes qui furent appelés successivement à décorer le pieux édifice ! Mais que de grandes pages, que de conceptions religieuses aujourd'hui presque effacées ! Là, les frères Lorenzo de Sienne avaient représenté la *vie intérieure des Pères du désert*, chef-d'œuvre de grâce et de simplicité naïve ; André Orgagna, dit le Michel-Ange de son siècle, avait, d'un pinceau hardi, énergique, retracé *le triomphe de la Mort, le Jugement universel, l'Enfer ;* Bonozzo-Gozzoli, le disciple chéri du bienheureux Angélique de Fiésole, avait à son tour exécuté une œuvre colossale, embrassant l'histoire de l'Ancien Testament, depuis Noé jusqu'à Salomon. Simon Memmi de Sienne avait enrichi le *Campo-Santo* d'un magnifique *ex-voto* de reconnaissance ; c'était la mystérieuse et poétique légende de saint Banieri, le protecteur, le patron de la ville de Pise.... Mais ce n'est point ici le lieu de rappeler toutes ces merveilles de l'art chrétien.... le pèlerin du *Campo-Santo*, les cherchant d'un regard avide, s'afflige de ne plus retrouver que de faibles traces de la plupart d'entre elles. Grâce cependant au doux climat de Pise, le temps a respecté quelques-unes de ces belles fresques, et l'on peut encore étudier avec amour plusieurs de ces aimables œuvres, produites par la foi dans des siècles où elle exerçait sur les arts la plus heureuse influence.

A peine Jean de Pise eut-il terminé son grand ouvrage du *Campo-Santo*, qu'il fut appelé à Naples par Charles Ier d'Anjou, pour y bâtir le *Castel-Nuovo*. Il construisit dans cette même ville l'église de *Santa Maria Novella*. Cependant sa réputation le faisait rechercher partout où il y avait de grands travaux à entreprendre ou d'anciens ouvrages à terminer. Au nombre de ces derniers furent les célèbres façades de la cathédrale de Sienne et de celle d'Orvietto. Jean de Pise employa aux travaux d'Orvietto beaucoup de sculpteurs formés à son école, et qui propagèrent la pratique de son art, surtout à Rome, où Boniface VIII les mit en œuvre dans des ouvrages de sculpture de l'ancienne basilique de Saint-Pierre. Parmi ses élèves on doit distinguer spécialement les deux frères Augustin et Ange de Sienne qui honorèrent leur siècle et le nom de leur illustre maître [1].

D'autres travaux, exécutés ou dirigés par Jean de

[1] On doit citer encore parmi ces pères de la sculpture chrétienne, le célèbre André de Pise, l'un des principaux élèves de Nicolas, et l'auteur des beaux bas-reliefs du baptistère de Florence. — Quelques-uns le regardent comme le vrai fondateur de l'école d'où sortirent les Donatello, les Ghiberti, les rénovateurs de l'art en Italie.

Pise à Arezzo, Pérouse, Pistoïe et en d'autres villes d'Italie, accrurent encore sa gloire et sa renommée. Comblé d'honneurs et chargé d'années, il revint dans sa patrie, où il termina pieusement son estimable carrière (1320). Les Pisans reconnaissants honorèrent sa mémoire comme elle devait l'être. Son tombeau, comme plus tard celui de Benozzo-Gozzoli, fut placé dans le *Campo-Santo*. Pouvait-on décerner à ces grands artistes, à ces héros du *Campo-Santo*, un plus noble et plus digne mausolée ?

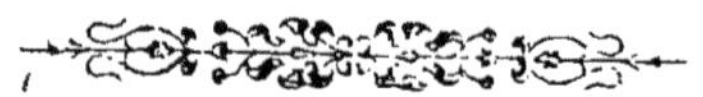

Arnolfo di Lapo (ARCHITECTE).

1232. — 1300.

JACOBO DI LAPO et ARNOLFO, son fils, sont deux architectes italiens, dont les ouvrages marquent le passage du style gothique au retour vers le goût de l'antiquité. Jacobo fit le modèle de l'église de St-François d'Assise, fonda, en 1218, les piles du pont à la Carraya, à Florence, et pava la ville avec de larges dalles. Arnolfo apprit de son père les principes de l'architecture, et le dessin sous Cimabuë. En 1284 il bâtit la troisième enceinte des murs de Florence, qu'il flanqua de tours. Il construisit aussi dans cette ville la place appelée *Orsan-Michele*, la loge et la place des *Priori*, l'église de *la Badia* et le palais de *Signori*, ce monument colossal, dit aujourd'hui le *Palais vieux*, dont l'énergique simplicité, l'air de rudesse, de grandeur et de force, forme un type imposant qui semblait être resté dans l'architecture florentine comme une tradition de l'antique manière et du goût gigantesque de l'art de bâtir des Etrusques. Arnolfo construisit encore une foule de palais, de châteaux-forts et autres monuments. Il fit revêtir de marbres noirs de Prato le beau baptistère de Florence. Mais ses plus célèbres ouvrages dans cette cité furent les deux grandes églises qu'il eut l'honneur d'y construire presque en même temps : *Sainte-Croix*, qu'on pourrait appeler le *Panthéon* de Florence, et *Sainte-Marie-des-Fleurs*, sa magnifique cathédrale.

Un décret de la république florentine, digne par sa fierté d'un sénatus-consulte de l'ancienne Rome, avait ordonné à Arnolfo de tracer le modèle d'une église, portant *l'empreinte d'une pompe et d'une magnificence telles que l'art et la puissance des hommes ne puissent rien imaginer de plus grand ou de plus beau*. Pour subvenir aux frais de sa construction, les Florentins levèrent une taxe de quatre deniers par livre sur toute marchandise sortant de leur ville, et un impôt annuel de deux sous d'or par tête. Le pape et le légat accordèrent des indulgences à ceux qui contribueraient par leurs aumônes à l'érection du saint édifice. Arnolfo, digne interprète du vœu national, érigea donc, sur le plan d'une croix latine, la belle et vaste cathédrale de *Sainte-Marie-des-Fleurs*, chef-d'œuvre d'un genre hardi et puissant; et l'un des plus célèbres monuments de l'Italie.

Arnolfo ne vécut point assez pour terminer son œuvre. Il éleva cependant les murs pour y faire une grande partie du revêtissement extérieur en marbre. Il banda trois des principaux arcs qui soutiennent la coupole, et il mérita enfin que son nom fût célébré dans la belle inscription conservée dans l'église, comme un souvenir de sa gloire et comme un monument de la piété du peuple florentin envers la Vierge Marie, leur auguste patronne [1].

Sainte-Marie-des-Fleurs, antérieure au renouvellement de l'architecture, fait époque dans l'histoire de l'art. Ce pieux édifice, tenant le milieu entre le style gothique en règne jusqu'alors, et le style antique qui reparut bientôt, sert à marquer la nuance du passage d'un style à l'autre. Sous ce rapport, il offre un genre particulier d'intérêt, qu'aucun autre peut-être n'est dans le cas d'inspirer. De quelque admiration qu'on soit saisi, à la vue de ce magnifique temple de marbre, couronné de sa merveilleuse coupole, chef-d'œuvre de Brunelleschi, il est permis cependant de lui comparer encore les édifices d'un autre genre qu'il est venu détrôner. Pour nous, notre choix n'est pas douteux. A

1 Istud ab Arnolpho templum fuit ædificatum ; hoc opus insignè decorans Florentia digne Reginæ cœli construxit mente fideli, quam tu, Virgo pia, semper defende, Maria.

Sainte-Marie-des-Fleurs nous préférerons toujours le dôme de Milan, la cathédrale de Cologne, celle de Strasbourg, et Notre-Dame de Chartres, ou de Paris.

Arnolfo, chargé d'honneurs et décoré du titre de citoyen de Florence, mourut en 1300, âgé de 68 ans. « Toujours, dit M. Quatremère de Quincy, on sera forcé d'admirer avec Michel-Ange, dans l'église de *Sainte-Marie-des-Fleurs*, une conception grande et hardie, une disposition tout à la fois solide et légère, un ensemble de masses et de forces combinées dans ce juste équilibre qui, s'il étonne moins au premier aspect, n'offre rien non plus qui, trahissant le secret de sa hardiesse, en détruise l'impression. Toujours on y reconnaîtra, dans la composition du plan, dans la distribution des parties, l'idée principale et le type original des plus grands temples modernes et surtout de celui qui seul devait le surpasser et n'a été encore surpassé par aucun autre. »

Giotto (PEINTRE, SCULPTEUR ET ARCHITECTE).

1266. — 1336.

Allant un jour de Florence à Vespignano, le célèbre peintre Cimabuë rencontra près du village un petit berger qui, tout en gardant son troupeau, s'amusait à dessiner sur une pierre polie avec une pierre pointue. C'était le jeune Giotto, alors âgé de 10 ans et déjà connu de tout le village par ses heureuses dispositions pour tout ce qui demandait de l'adresse et de l'intelligence. Cimabuë, surpris du talent naturel de cet enfant, après s'être assuré du désir qu'il aurait de changer d'état, le demanda à son père, l'obtint et l'emmena à Florence.

Giotto, né à Vespignano vers 1266, est l'artiste immortel qui, brisant définitivement les types byzantins, inventa pour ainsi dire l'expression, et fit entrer la peinture dans les voies nouvelles et mystiques où durant trois siècles elle marcha constamment accompagnée de tant d'éclat et de gloire. Sa mission de régénérateur de l'art ne se borna pas seulement à l'école de Florence : appelé successivement dans presque toutes les grandes villes d'Italie, il donna partout l'exemple du mépris pour les traditions byzantines, sans s'inquiéter des bons germes que plusieurs d'entre elles pouvaient contenir ; et, comme l'a dit un de ses biographes, il changea l'art de fond en comble, en le rendant latin de grec qu'il était.

Déjà Cimabuë avait restauré les arts en faisant revivre l'étude de la nature depuis long-temps abandonnée ; mais sa manière était rude et sèche. Giotto, en prenant aussi la nature pour modèle, la revêtit de formes plus nobles, et prépara ainsi Raphaël. Des innombrables peintures laissées par lui en Italie, il ne reste aujourd'hui qu'un petit nombre de fragments qu'on puisse regarder comme authentiques. Tous les travaux qu'il fit à Avignon, à Milan, à Vérone, à Ferrare, à Urbin, à Ravenne, à Lucques, à Gaëte, ont été entraînés dans la ruine des édifices mêmes qu'ils décoraient. Mais à Padoue, dans la petite chapelle de l'*Arena*, on admire les grandes et belles fresques qu'on peut regarder comme son œuvre capitale. On y voit douze sujets de la *Vie de la sainte Vierge*, vingt-quatre de la *Vie de Jésus Christ*, dont plusieurs, de la plus haute beauté, surtout *la Résurrection de Lazare* et *la Déposition de croix;* un magnifique *Jugement dernier*, le plus ancien que nous connaissions, et enfin les figures des *Vertus* et des *Vices*, en grisaille, qui surpassent tout le reste. A Assise, le souvenir de Giotto revit dans la belle fresque dont il décora la voûte de l'église inférieure. A Naples, où il vint en 1325, mandé par le roi Robert, dans la petite église de l'*Incoronata*, près le Château-Neuf, les voyageurs vont admirer les fresques de cet artiste, représentant les sacrements d'*Ordre* et de *Mariage*. A Saint-Pierre de Rome, on contemple sous le portique la célèbre mosaïque représentant la *Pêche miraculeuse de saint Pierre*, dite communément la *Navicella;* au Campo-Santo de Pise, c'est l'*Histoire de Job*, qu'il a représentée dans une grande composition, plus maltraitée par le temps qu'aucune des peintures voisines. Enfin, l'église Sainte-Croix, de Florence, dans son *Incoronazione* (Couronnemet de la Vierge), possède le tableau le plus authentique de Giotto, le seul où il ait écrit son nom. Cet ouvrage contient pour ainsi dire en abrégé toutes les innovations disséminées par Giotto dans les autres. On remarque pour la première fois la présence d'anges jouant de divers instruments de musique; heureuse innovation qui a fourni de tout temps aux peintres chrétiens des épisodes délicieux dans leurs plus beaux tableaux [1].

Les sujets que Giotto traita avec prédilection furent, ce semble, la Crucifixion [2], et la vie de saint François. Ce dernier sujet fut la matière de ses travaux à Assise même, chez les Franciscains de Vérone, de Ravenne et de Rimini, à Florence dans une chapelle de *Santa-Croce*, et jusque sur les armoires de la sacristie. « Nulle biographie de martyr ou de père du désert, dit un sage écrivain, ne se prêtait mieux que celle de St François au développement du genre de mérite que la peinture se propose plus spécialement d'atteindre : l'expression poétique des affections profondes de l'âme... Aussi pendant trois siècles consécutifs, c'est-à-dire tant que l'art a été chrétien, les artistes se sont-ils exercés sur ce magnifique sujet, sans qu'on puisse dire qu'ils l'aient jamais épuisé; et même nous verrons plus tard une école plus particulièrement nourrie de ses inspirations

1 Florence possède en outre une fresque de Giotto, représentant le portrait du Dante, jeune encore, et tenant en la main un vert rameau. C'est l'image de ce grand poëte, que l'artiste avait retracé sur les murs du palais du podestat de Florence, et qu'un hasard heureux a fait découvrir naguère sous une épaisse couche de chaux, dans la chapelle de ce même palais.

2 Parmi ses nombreux tableaux du *Christ en croix*, on doit remarquer celui qu'il fit pour l'église de l'Annonciation, à Gaëte : le pieux artiste s'y peignit lui-même à genoux au pied de la Croix, donnant ainsi un religieux exemple qui devait trouver après lui beaucoup d'imitateurs.

locales, fleurir tout d'un coup dans le voisinage de la montagne sainte où repose le corps de saint François [1]. »

Giotto, en s'écartant ainsi hardiment des modèles reçus, compta néanmoins parmi ses admirateurs plusieurs grands personnages de son siècle. Bocace, le Dante, Jean Villani le mettent dans leurs éloges au-dessus de tous les peintres. Pétrarque, son ami, dans son testament, léguait au seigneur de Padoue, comme l'objet le plus digne de lui être offert, une madone de Giotto, « dont les ignorants, dit-il, ne comprennent pas la beauté, mais devant laquelle les maîtres de l'art restent muets d'étonnement. » Enfin le pape Boniface VIII, qui l'avait appelé à Rome, fut aussi son admirateur et son ami. Giotto vint à Avignon vers le temps de la translation du saint-siége dans cette ville. Après la mort de Clément V, il retourna à Florence, où il mourut en 1336. Laurent de Médicis érigea à ce grand artiste un magnifique tombeau dans le dôme de Florence. On y lit une fort belle inscription composée par Policien, et commençant par ce vers :

Ille ego sum per quem pictura extincta revixit.

1 L'école ombrienne, à laquelle appartiennent Pérugin et son disciple Raphaël. — Rio, *De la poésie chrétienne*.

La révolution opérée dans l'art par Giotto fut continuée dignement par ses nombreux élèves. Plusieurs d'entre eux, en marchant sur ses traces, acquirent à leur tour une pure et brillante gloire. La Toscane et le reste de l'Italie, jusqu'à la fin du quatorzième siècle, s'enrichirent de leurs travaux. Parmi eux on distingua surtout Taddeo Gaddi ; Giottino, supérieur selon quelques-uns à Giotto lui-même ; Agnolo Gaddi, fils de Taddeo, et enfin le grand Orgagna, à la fois peintre, sculpteur, architecte, qui a laissé au *Campo-Santo* de Pise, ou dans l'église du Saint-Esprit de Florence, de sublimes traces de son génie.

Giotto fut lui-même grand sculpteur et architecte. Le *Campanile* du dôme de Florence, ce merveilleux clocher, si orné, si brillant, si léger, qui, après plus de cinq siècles, est encore si ferme et si droit, dans un pays où le terrain trop peu solide voit plus d'une tour penchée ; ce monument enfin, le premier des clochers et la plus belle des tours, est l'ouvrage de Giotto. Il prouve que le créateur de la peinture moderne excellait aussi dans l'art de bâtir. Charles-Quint professait la plus vive admiration pour le *Campanile* ; il aurait voulu qu'on le mît sous verre, et qu'il ne fût montré qu'à de certains jours. Le poète Policien l'a chanté en vers grecs et latins. *Beau comme le Campanile*, dit encore avec orgueil le peuple de Florence. Le *Campanile* est orné d'excellentes sculptures : six statues sont de Donatello. André de Pise l'a enrichi d'admirables bas-reliefs, dignes des plus beaux temps de l'art. Sur la face du côté de la cathédrale, on admire aussi deux bas-reliefs de Giotto, qui semblent rivaliser avec ceux du grand artiste pisan.

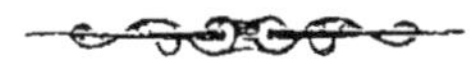

Brunelleschi (ARCHITECTE).

1377. — 1444.

PHILIPPE BRUNELLESCHI, célèbre architecte, naquit l'an 1377, à Florence. Destiné à succéder à son père, qui était notaire, il reçut une éducation soignée; mais l'esprit du jeune homme le portait plutôt vers les œuvres d'art et de génie. Il fut d'abord apprenti orfèvre. Occupé sans cesse des sciences et des arts, il étudia successivement les livres saints, les ouvrages de Dante, le dessin, la sculpture, la physique, la mécanique et la perspective. Il modelait des figures, exécutait d'ingénieuses machines. Il étudia aussi à fond les mathématiques et surtout la géométrie. Mais l'architecture était déjà son art de prédilection, auquel il rapportait ses autres études. Toutes ces connaissances formaient par degrés, dans son esprit, ce faisceau de lumières qui devait guider plus tard, dans ses entreprises hardies, le génie du grand architecte florentin.

Brunelleschi se fit d'abord connaître comme sculpteur. Lié d'amitié avec Donatello, fort jeune alors, mais déjà très-habile dans son art, d'après ses conseils, il exécuta en bois pour l'église du Saint-Esprit, une *Sainte Marie-Madeleine*, qui fut brûlée en 1471, lors de l'incendie de cette église. Les deux amis, enthousiastes de leur art, s'exprimaient franchement sur le mérite ou les défauts de leurs propres ouvrages. Donatello, ayant terminé un grand crucifix en bois, pria Brunelleschi de lui en dire son sentiment : « Ce n'est point, dit celui-ci, la figure d'un Dieu, mais celle d'un paysan que tu as mis sur la croix. » Donatello, piqué de cette sévère critique, reprit vivement : « S'il était aussi aisé de faire que de juger, mon Christ te paraîtrait divin. Prends du bois et essaie d'en faire un toi-même. » Brunelleschi, supportant patiemment les mordantes paroles de son ami, retourne chez lui, il s'y tient renfermé pendant plusieurs mois. Un jour il engage Donatello à passer à son atelier. Celui-ci arrive, et reste stupéfait à la vue d'un Christ de même dimension que le sien, mais d'un style plus grand et d'une plus belle exécution. Donatello s'avoue vaincu, embrasse son ami et va partout publier ses louanges.

Les deux artistes concoururent, avec Jacopo della Quercia, Lorenzo Ghiberti et plusieurs autres, pour l'exécution des portes de bonze du baptistère de Florence. Mais, ayant reconnu la supériorité de Ghiberti, ils dirigèrent le choix des magistrats sur le modèle de l'habile rival, chef-d'œuvre bien digne de cette préférence. Ce sont ces mêmes portes dont Michel-Ange disait « qu'elles méritaient d'être les portes du paradis. » Brunelleschi, appelé à seconder Ghiberti, refusa de partager l'honneur d'une entreprise dont il voulait laisser toute la gloire à son illustre contemporain.

Désireux de perfectionner leurs talents, les deux amis partirent pour Rome. Brunelleschi n'avait pas hésité à vendre une petite propriété pour subvenir aux frais du voyage. Emerveillés à la vue de tous les chefs-d'œuvre de cette capitale, ils travaillèrent dans son sein sans relâche et avec la plus noble ardeur. Brunelleschi dessina et mesura tous les monuments antiques. Animé de la pensée de régénérer l'architecture sur les principes des Grecs et des Romains, il était dès-lors sous l'empire d'une idée qui le préoccupait tout entier. Il voulait couronner d'une immense coupole, sans y employer le fer, Sainte-Marie-des-Fleurs, la cathédrale de Florence, entreprise périlleuse, dont nul artiste n'avait osé se charger depuis la mort d'Arnolfo di Lapo. Pour assurer la réussite de ce projet gigantesque, Brunelleschi dessinait avec soin les voûtes antiques des grandes salles des thermes, des tombeaux, des temples, et surtout du Panthéon, se préparant ainsi par une étude opiniâtre, à doter son pays du radieux monument qui porte si haut dans les airs sa magnificence et sa gloire.

L'an 1407, il se tint à Florence un conseil d'architectes et d'ingénieurs réunis pour donner leur avis sur les moyens de couvrir la cathédrale. Brunelleschi, revenu dans sa patrie, assiste au conseil, émet son opinion, s'indigne du peu de cas qu'on en fait, et repart pour Rome. Mais ses prévisions se vérifient bientôt. Les autres artistes, ayant épuisé leurs moyens, renoncent à un projet au-dessus de leurs forces, et l'on est contraint de recourir à Brunelleschi. Celui-ci revient donc de nouveau, et faisant sentir alors toute l'importance d'une telle entreprise, il propose de convoquer à Florence les architectes et les ingénieurs les plus célèbres de l'Europe. Les artistes accourent donc de toutes parts : chacun porte un avis différent. On veut faire la voûte de pierre-ponce, afin qu'elle soit plus légère; on parle de l'appuyer sur d'immenses arcs-boutants, ou bien de construire un pilier central, qui soutiendra la retombée d'une voûte annulaire; enfin on propose de remplir le temple d'une montagne de terre qui servira de forme ou d'échafaudage à la coupole, et dans laquelle on sèmera une quantité de pièces de monnaie, afin que l'appât du gain engage le peuple à débarrasser promptement l'intérieur de l'édifice.

Brunelleschi, parlant à son tour, dit qu'il n'a besoin pour exécuter le dôme, ni de montagne de terre, ni de pilier, ni d'arcs-boutants, ni même d'armature en charpente : « Ma voûte, ajoute-t-il, se soutiendra sans appui, par son propre poids et par la seule force d'adhésion de ses parties. » Cette opinion paraît si étrange que l'artiste est traité d'extravagant; on le chasse en quelque sorte de l'assemblée. Bientôt cependant il est rappelé : aucun des autres projets ne répondant aux vœux, à l'attente des magistrats, on demande à Brunelleschi la communication de ses plans et de ses moyens d'exécution. Mais l'artiste refuse de montrer son modèle, et se contente de présenter à l'assemblée un œuf : « Voici, dit-il, la forme du dôme; mais la difficulté est de le faire tenir debout; celui qui en trouvera le secret sera digne d'être choisi. » Ses rivaux, ayant tenté vainement cette puérile expérience, s'avouent vaincus. Alors Brunelleschi, frappant l'œuf sur une table, en casse la pointe, et résout ainsi le problème.

« Chacun de nous en aurait fait autant, » s'écria toute la compagnie. « Il fallait donc le faire, » reprit Brunelleschi avec un sourire ironique, et il ajoute : « N'en serait-il pas de même de la coupole, si je vous en montrais le modèle? »

Cette singulière saillie, qu'on attribue également à Christophe Colomb, eut d'heureuses suites : les magistrats florentins prirent confiance dans les talents de Brunelleschi, et d'une commune voix il fut chargé de l'exécution de l'entreprise. On exigea de lui cependant un essai de sa manière d'opérer, et il dut construire tout d'abord deux petites chapelles, dont la voûte, conforme à son nouveau système, se soutenait sans le secours d'un ceintre en charpente. Ses envieux, cherchant toujours à traverser ses desseins, lui avaient fait donner pour adjoint ce même Ghiberti dont il avait refusé noblement de devenir le collégue; mais cette fois Brunelleschi fit reconnaître l'ignorance du célèbre sculpteur et l'obligea de se retirer.

Enfin, après des traverses inouies, Brunelleschi obtint seul la direction des travaux. Aidé de son seul génie, au milieu des applaudissements de tous ses contemporains, et à la gloire de sa patrie, le grand artiste éleva cette fameuse coupole qui est l'une des conceptions les plus hardies de l'esprit humain. Les Florentins, effrayés de la quantité de marbre qui entrait dans la construction, craignaient que la voûte ne pût supporter cet énorme fardeau. Brunelleschi se riait de ces craintes et n'en poursuivait pas moins son plan. Ayant remarqué que plus les travaux s'élevaient, plus on perdait de temps, il imagina, dit-on, d'établir de petits cabarets sur la voûte de l'église, afin d'empêcher les ouvriers de quitter l'ouvrage avant la fin de leur journée. « Comme un vigilant capitaine qui place et anime ses soldats, Brunelleschi conduisait lui-même chaque ouvrier et examinait la qualité des matériaux ; chaque jour il inventait de nouvelles machines et de plus courts procédés, et lorsqu'à l'extérieur du tambour et de la lanterne la coupole fut achevée, il mourut sur cette espèce de champ de bataille[1]. »

La prodigieuse coupole de Sainte-Marie-des-Fleurs, modèle de celle de Saint-Pierre, demeurera toujours un des plus admirables chefs-d'œuvre que l'art ait jamais produits. Depuis quatre siècles on ne se lasse point de l'admirer. Mais le plus éclatant hommage qu'ait reçu cette coupole, sera toujours celui de Michel-Ange,

[1] Valéry, *Voyages en Italie.*

indiquant lui-même la place de son tombeau à l'église de Sainte-Croix, afin, les portes étant ouvertes, d'apercevoir de là l'audacieux monument que son génie si fin, si indépendant avait imité. Aucun édifice antique ne l'a surpassé en hauteur ; le dôme de Saint-Pierre l'a surpassé depuis en élévation ; mais l'œuvre de Michel-Ange n'égale point l'œuvre de Brunelleschi en grâce ni en légèreté.

Brunelleschi, outre ce monument qui suffit à sa gloire, est auteur d'une foule d'autres ouvrages de différents genres, parmi lesquels on compte la citadelle de Milan, les digues du Pô à Mantoue, l'église du Saint-Esprit à Florence. Ce dernier édifice, dont le plan et les proportions seront toujours un sujet d'étude, est regardé comme l'un des plus admirables chefs-d'œuvre inspirés au XVe siècle par l'imitation antique. On doit encore à ce grand artiste les dessins de la forteresse de Vico-Pisano à Pesaro et de la vieille citadelle de Pise, les plans de l'église Saint-Laurent, et enfin le palais Pitti à Florence. Son nom était si répandu, qu'on lui demandait de toutes parts des modèles ou des dessins pour les monuments de quelque importance. Brunelleschi ouvrit la carrière aux architectes Alberti et Bramante, les restaurateurs du style antique, dont Balthazar Perruzzi, San-Gallo, Palladio, Vignole, atteignirent bientôt la perfection.... Ces grands artistes ne se sont illustrés qu'en suivant ses traces. « Brunelleschi, dit un biographe, avait la plus haute idée de son art et le sentiment intime de la force de son génie. Si la nature n'avait point doué cet homme célèbre d'un extérieur agréable, elle l'avait amplement dédommagé par les dons de l'esprit et par les vertus dont elle le décora. Il joignait au génie beaucoup de finesse, de facilité, et ce qui vaut mieux, une rare bonté. Il avait beaucoup d'envieux, mais pas un ennemi ; il jugeait sans passion du mérite des autres, et oubliait souvent ses propres intérêts pour ceux de ses amis. Il se faisait aimer et respecter des ouvriers, en employant tour à tour la fermeté et la douceur; il leur communiquait sa prodigieuse activité et leur inspirait la plus grande confiance. Sa patrie récompensa ses longs et éclatants services en le nommant, en 1423, membre du conseil *degli signori*, place qu'il exerça avec autant d'habileté que de sagesse. »

Brunelleschi mourut en 1444, âgé de 67 ans. Son convoi se fit avec une grande pompe; et bien que la sépulture de sa famille fût à l'église Saint-Marc, on transporta son corps à Sainte-Marie-des-Fleurs. Dans ces murs qui parlent si haut de sa gloire, on lui érigea un tombeau surmonté de son buste, exécuté par Buggiano, son disciple.

Michel-Ange (PEINTRE, SCULPTEUR ET ARCHITECTE).

1474 — 1564.

Michel-ange Buonarotti, issu de l'ancienne et noble maison des comtes de Canassa, naquit le 6 mars 1474, au château de Caprèse, près d'Arezzo en Toscane. Son père, Louis Buonarotti, podestat de Caprèse et de Chiusi, voulut lui donner une éducation convenable à sa naissance. Mais les dispositions extraordinaires du jeune Michel pour le dessin contrarièrent ses projets. En vain eut-il recours au reproche et même à la menace pour détourner son fils d'une profession qu'il regardait comme indigne de son rang : voyant enfin qu'il ne pouvait vaincre son goût inné pour les beaux-arts, il le laissa libre de suivre sa vocation, et le plaça, à l'âge de quatorze ans, dans l'atelier des frères David et Dominique Ghirlandajo, peintres florentins, qui jouissaient alors d'une grande réputation.

La supériorité de Michel-Ange sur tous ses condisciples ne tarda pas à se manifester. Il égala même bientôt son maître Dominique. Celui-ci, l'ayant surpris un jour corrigeant ses propres dessins, fut moins blessé de ce procédé hardi qu'émerveillé d'une telle précocité de talent, et il avoua de bonne foi que son élève était en état de lui donner des leçons. Michel-Ange quitta ses maîtres à l'âge de quinze ans, et résolut de puiser ses ressources en lui-même. Il se forma donc seul en quelque sorte. Ce fut là sans doute le principe de sa force et la cause de cette originalité mâle qui fit le fonds de son caractère.

Présenté à Laurent de Médicis dit le Magnifique, Michel-Ange en reçut le plus bienveillant accueil. Laurent venait d'établir dans son palais et ses jardins de la place Saint-Marc, à Florence, une école de sculpture, où il avait rassemblé les plus précieux débris de l'antiquité, qu'il faisait venir de la Grèce à grands frais. A la vue des chefs-d'œuvre des anciens, au milieu desquels il fut admis, le génie de Michel-Ange s'éveilla soudain, et il sentit se développer en lui le goût qui déjà le portait vert l'art de la sculpture. Ses essais dans cet art répondirent à ses premiers travaux dans le dessin et la peinture; Laurent de Médicis les vit avec étonnement. Michel-Ange avait aperçu parmi les statues et les fragments antiques des jardins du prince une tête de vieux faune, rongée par le temps et à demi défigurée. La fantaisie lui vint d'en faire une copie, en suppléant, par son imagination, à ce qui manquait à l'original. Il ouvrit la bouche du faune comme celle d'un homme qui rit. Laurent, ayant vu cette tête, qui lui parut moins le coup d'essai d'un élève que l'œuvre d'un maître, complimenta l'artiste, puis il lui dit en plaisantant : « Jeune homme, tu as fait ce faune vieux, et tu lui as laissé toutes ses dents ; ne sais-tu pas qu'il en manque toujours quelques-unes aux vieillards... » Michel-Ange, sentant sa faute, cassa une dent à son faune et lui creusa la gencive de manière à laisser croire que la dent était tombée. Quand le duc revint, il admina la docilité et l'intelligence du jeune artiste. Dès lors il le prit en amitié ; il lui assigna un logement dans son palais, l'admit même à sa table avec les seigneurs et les savants de sa cour : il le traita enfin comme son propre fils. Michel-Ange, logé dans le palais des Médicis, avec Ange Politien, le plus grand littérateur de son temps, y prit le goût des belles-lettres avec celui des beaux-arts.

Mais la mort priva bientôt l'heureux artiste de son digne protecteur. Pierre de Médicis n'hérita ni des qualités de son père, ni de son estime pour les arts. Il appréciait si peu le génie de Buonarotti que, pendant tout un hiver, dit-on, il l'employa à faire des statues de neige. Le prieur de l'église du Saint-Esprit le dédommagea de cette perte de temps, en lui commandant un crucifix en bois, et en lui donnant, avec un logement au couvent, les moyens d'étudier l'anatomie. Michel-Ange se livra tout entier à cette science pénible et peu cultivée encore. Il y acquit cette connaissance profonde qui devait le conduire à devenir le plus savant et le plus habile de tous les dessinateurs.

Lorsqu'une révolution polulaire, en 1494, chassa les Médicis de Florence, Michel-Ange, craignant d'être enveloppé dans leur disgrâce, vint à Bologne, où il sculpta, pour le tombeau de saint Dominique, la statue de saint Pétrone et un ange tenant un candelabre. Au retour du calme, il retourna à Florence; mais il n'y demeura pas longtemps. Attiré à Rome par le cardinal de Saint-George, qui le logea dans son palais, le jeune artiste, durant ce premier séjour dans la capitale des arts, fit son célèbre *Bacchus*, que plus tard Raphaël attribua, à cause de son extrême perfection, à Phidias et à Praxitèle; et son admirable groupe de *Notre-Dame-de-Pitié*, qu'on voit à Saint-Pierre, sur l'autel de la chapelle du Crucifix. Rappelé à Florence par les instances de ses amis (1510), Michel-Ange s'empara d'un bloc énorme de marbre de Carrare et en fit sortir ce gigantesque *David* qui décore la place du Palais-Vieux. Quelques tableaux, parmi lesquels on compte une *Sainte-Famille*, mais surtout son célèbre carton de la *Guerre de Pise*, dont nous avons déjà parlé ailleurs [1], acquirent alors à Michel-Ange la réputation du premier dessinateur de son temps.

Jules II venait de monter sur le trône pontifical (1503). Voulant perpétuer sa mémoire dans le monument de sa sépulture, il appela Michel-Ange, alors âgé de vingt-neuf ans, et lui confia, comme au plus grand génie de son siècle, le soin de lui ériger un magnifique mausolée. Le grand artiste, sculpteur et architecte, répondit à son attente ; il lui présenta bientôt le modèle du plus splendide monument en ce genre dont l'histoire de l'art ait gardé le souvenir. Ce projet ayant reçu l'approbation du pontife, Michel-Ange se rendit à Carrare, où il resta huit mois occupé à faire extraire des montagnes les marbres nécessaires à sa gigantesque entreprise. Amenés à Rome par mer, ces marbres, dit-on, couvrirent la moitié de la place Saint-Pierre ; mais ce riche mausolée ne reçut alors qu'un commencement d'exécution. Une idée nouvelle venait de se réveiller chez le pontife : il

[1] *Les Peintres les plus célèbres*. — Léonard de Vinci.

ambitionna d'être le fondateur de la grande basilique aujourd'hui la merveille de la capitale du monde chrétien. Bramante, son architecte et son favori, adoptant cette noble pensée, lui représenta, en courtisan habile, que le projet d'élever son tombeau de son vivant semblait de mauvais augure. Jules II se laissa persuader : il négligea l'entreprise du mausolée et, par contre-coup, l'artiste qu'il en avait chargé. Michel-Ange crut s'apercevoir d'un refroidissement de sa part, dans une occasion où l'entrée de la chambre du pape lui fut refusée. « Quand Sa Sainteté m'enverra chercher, » dit-il au camérier, « vous lui direz que je n'y suis pas. » En effet, de retour chez lui, il donna ordre de vendre tous ses effets, et il partit à l'instant pour Florence.

A peine arrivé sur le sol de la Toscane, Michel-Ange reçut cinq courriers, porteurs de lettres très-pressantes et même d'ordres du pontife, qui lui enjoignaient de retourner à Rome. Prières, menaces, tout fut inutile : on ne put rien obtenir, sinon une lettre dans laquelle le fier artiste priait le Saint-Père de choisir un autre sculpteur. Durant un séjour de trois mois que Michel-Ange fit à Florence, Jules II adressa au sénat trois brefs menaçants où il exigeait son retour. Buonarotti refusait toujours de se rendre. Enfin le gonfalonier Soderini vainquit sa résistance et le détermina à retourner près du pontife avec le titre d'ambassadeur.

Michel-Ange vint trouver à Bologne Jules II, qui lui rendit ses bonnes grâces, et lui commanda sa statue en bronze, pour être placée au frontispice de Saint-Pétrone. Revenu à Rome, notre artiste trouva un rival dans Bramante, qui, craignant de voir reprendre les travaux du mausolée, engagea le pape à charger Michel-Ange de peindre la chapelle sixtine au Vatican. Buonarotti essaya vainement de se dispenser d'une entreprise si difficile. Il fallut obéir. Bramante triomphait en voyant son rival aux prises avec un genre de peinture tout nouveau pour lui... Il ne connaissait point encore la puissance de ce génie fécond, destiné à conquérir une égale gloire dans les diverses branches de son art.

Michel-Ange, abandonnant à regret la sculpture, son art favori, dont il avait sucé le goût, disait-il, avec le lait de sa nourrice, se mit à l'œuvre avec ardeur (1508). Il s'enferma seul dans la chapelle sixtine, ne laissant pénétrer personne dans l'enceinte des travaux. Ce mystère augmenta la curiosité publique et l'impatience du pontife ; aussi, à peine la moitié de l'immense voûte était-elle terminée, que Jules II fit abattre tous les échafaudages. Rome entière accourut, pour applaudir à un chef-d'œuvre où brillait dans tout son éclat la puissance du génie de l'artiste. Chacun fut frappé de la distance que Michel-Ange avait franchie, et de sa supériorité incontestable sur tous ses rivaux. L'imposante gravité des figures de prophètes et de sibylles qu'avait peintes son pinceau, la sévérité de leur attitude, de leurs regards, l'effet entièrement neuf et grandiose des draperies tout annonçait réellement les mortels inspirés par la bouche desquels Dieu s'est adressé à l'homme. Quelle majesté surtout dans la figure d'Isaïe! comme on reconnaît tout aussitôt en lui le premier des quatre grands prophètes! Michel-Ange reçut l'ordre de terminer promptement l'autre moitié de la voûte. L'applaudissement universel que lui mérita ce magnifique ouvrage, où sont représentés un grand nombre de sujets de l'Ancien Testament, le rendit plus cher encore au Pape. Jules II combla l'artiste de faveurs et de richesses, et l'obligea de reprendre les travaux de son mausolée.

La mort du pontife vint en interrompre de nouveau l'exécution (1513). Léon X, son successeur, voulant doter sa ville natale de quelques monuments dignes du génie de Michel-Ange, lui ordonna de construire la façade de l'église Saint-Laurent. Notre artiste, quittant

6

Rome à regret, vint donc à Florence, où, à l'âge de près de quarante ans, il s'adonna pour la première fois à l'architecture. Dans cet art, comme dans les autres, il n'eut, à vrai dire, d'autre maître que son génie. Son plan de façade pour l'église Saint-Laurent, n'en fut pas moins reconnu supérieur à tous ceux que donnèrent les plus célèbres artistes de ce temps. On commença les travaux, mais diverses causes en retardèrent l'exécution, et la mort de Léon X vint enfin les suspendre (1521). Sous le court pontificat d'Adrien VII, Michel-Ange, sans quitter la Toscane, reprit ses travaux du mausolée de Jules II, qu'il espérait toujours terminer. Un autre Médicis, Clément VII, ami et protecteur des arts, étant monté sur le trône de St-Pierre (1523), Michel-Ange commença par son ordre la Bibliothèque laurentienne à Florence, et la nouvelle sacristie de l'église de Saint-Laurent, destinée à recevoir les mausolées des ancêtres du nouveau pontife. Ce monument, justement célèbre, et l'un des meilleurs ouvrages d'architecture qu'ait produits Michel-Ange, doit surtout sa renommée aux deux magnifiques mausolées de Laurent et de Julien de Médicis [1], qui vinrent plus tard

[1] Julien de Médicis, troisième fils de Laurent le Magnifique, et frère de Léon X, duc de Nemours. — Laurent de Médicis, duc d'Urbin, son neveu, fils de Pierre, l'aîné des trois fils de Laurent le Magnifique.

décorer son enceinte, grâce encore au ciseau de notre grand artiste.

Vers le même temps, Michel-Ange inaugurait à Rome, dans l'église de la Minerve, où on l'y voit encore, la statue du *Christ embrassant la croix*, regardée comme l'un de ses meilleurs ouvrages.

Mais hâtons-nous d'arriver aux immortelles œuvres qui font la principale gloire de Michel-Ange. Revenons à Rome ; c'est là, dans la ville éternelle, que son génie doit briller de tout son éclat, moins dans sa fameuse fresque du *Jugement dernier*, beaucoup trop vantée, que dans son *Moïse*, et surtout dans cette sublime coupole de Saint-Pierre, qui porte aux cieux avec la gloire du Christ et de son apôtre, celle de son admirable architecte.

Michel-Ange, pressé par les héritiers de Jules II de terminer le travail du mausolée tant de fois repris et abandonné, conduisit ce monument à l'état où on le voit aujourd'hui à Rome, dans l'église de Saint-Pierre-aux-Liens. Le spectateur y contemple avec ravissement cette célèbre statue de *Moïse*, si connue et si souvent décrite, dont la tête, et surtout le regard, révèle si bien le mortel inspiré, le sublime législateur des Hébreux. Cependant Paul III, qui venait de monter sur le trône pontifical (1534), pressait à son tour le grand artiste, d'exécuter les travaux de décoration de la chapelle sixtine dont l'avait chargé Clément VII, son prédécesseur [1]. Il s'agissait de peindre d'un côté le *Jugement dernier*, et de l'autre la *Chute des anges*, deux sujets qui convenaient merveilleusement à la nature du talent de Michel-Ange. Doué d'une grande profondeur de pensée, nourri de la lecture des admirables descriptions du Dante, l'artiste, dans son immense composition du *Jugement dernier*, a exprimé le sentiment d'une terreur sombre, inspiré par les vers du poëte florentin. Dans cet ouvrage, où sont représentés les attitudes les plus variées du corps humain, le peintre semble avoir eu surtout en vue de montrer le dernier point où peuvent arriver la science du dessin, la hardiesse du trait, l'intelligence des raccourcis : le désespoir des réprouvés, la joie des élus sont exprimés avec une étonnante énergie. On croirait la réalisation de ce vers du Dante :

Morti li morti, e i vivi paracevano vivi.
Les morts paraissaient morts, et les vivants vivants.

Après huit ans de travail, Michel-Ange livra le *Jugement dernier* à l'admission de Rome, le jour de Noël

[1] Le pape Paul III, dit-on, se rendit chez Michel-Ange, à la tête de dix cardinaux, pour l'inviter à traiter le sujet du *Jugement dernier*, et presque l'en prier : honneur unique dans les fastes de la peinture, et qui prouve qu'elle était importante la considération de l'artiste.

(1541). L'artiste avait tellement prodigué dans cette fresque célèbre les dons propres à son talent, que sa réputation, malgré quelques critiques, en reçut un accroissement prodigieux. Pour nous, tout en admirant le puissant génie de Michel-Ange dans cette œuvre colossale, il nous est impossible de reconnaître une peinture chrétienne dans cette savante série d'études anatomiques qui flattent peu les regards, ne parlent point au cœur et ne produisent aucun effet moral ! Ensuite le grand artiste n'a-t-il point blessé gravement les règles de la convenance et du goût, en présentant les saints dans un état de nudité complète, et en mêlant le souvenir des fables païennes dans une peinture tracée sur les murs du sanctuaire vénérable[1] !

Paul III, ayant construit au Vatican la chapelle pauline, en confia la décoration à Michel-Ange. L'artiste l'orna de deux tableaux remarquables : *la Conversion de saint Paul*, et *le Martyre de saint Pierre*. Le pontife le força en même temps d'accepter la place d'architecte de la basilique de Saint-Pierre. Bramante,

[1] On sait que Paris possède une copie très-exacte de la fresque du *Jugement dernier* de Michel-Ange, peinte par Sigalon (à l'Ecole des beaux-arts).

[2] L'histoire de la construction de Saint-Pierre est presque l'histoire de l'artiste. Cette première des basiliques, commencée par Bramante en 1503, élevée sur la basilique bâtie par Constantin, continuée par

San-Gallo, chargés tour à tour de la conduite du monument, étaient morts sans qu'aucun plan fixe eût été arrêté. Michel-Ange, ayant examiné le projet laissé par son prédécesseur, démontra par une critique très-judicieuse, que l'exécution entraînerait une dépense incalculable : livré à ses propres inspirations, il traça en peu de jours un nouveau dessin, qui restreignait les plans déjà donnés, et réduisait l'église à la forme d'une croix grecque. En supprimant le luxe des détails, il ajoutait de la majesté à tout l'ensemble, et diminuait le poids de la coupole, sans rien retrancher de sa masse et de son diamètre. Ce nouveau plan adopté, Paul III fit expédier à l'artiste (1546), un bref qui défendait, sous des peines très-graves, d'y rien changer.

En même temps, il lui assigna six cents écus romains de traitement. Michel-Ange, habitué à travailler pour la gloire ou pour ses amis, les refusa, et pendant dix-sept années, il dirigea gratuitement une entreprise qui avait enrichi la plupart des premiers architectes. Quand après ce laps de temps d'un labeur opiniâtre, le grand artiste, alors âgé de quatre-vingt-sept ans, convoqua la

Julien et Antoine San-Gallo, le P. Jocondo, dominicain, Raphaël, Balthasar, Peruzzi, Michel-Ange, ne fut terminée que dans le dix-septième siècle, par Charles Maderne.

ville éternelle devant son œuvre sublime, il fut salué par les acclamations les plus enthousiastes. On admira surtout l'immortelle coupole, chef-d'œuvre de Michel-Ange, où son génie se révèle tout entier. A l'aspect de cette superbe création, on ressent une noble fierté de la puissance de l'homme, et la reconnaissance se mêle à l'admiration pour celui qui sut l'élever si haut.... Rome possède donc enfin un magnifique temple digne de la reine du monde. On disait jadis de Phidias que par sa statue de Jupiter il avait ajouté à la majesté du dieu : Michel-Ange n'a-t-il pas, lui aussi, en lançant sa coupole dans les airs, ajouté à la majesté de l'Église catholique, si toutefois la main de l'homme peut ajouter quelque splendeur à l'ouvrage de la Divinité?...

Parlerons-nous maintenant des autres travaux d'architecture de Michel-Ange. Le palais des conservateurs au Capitole, la villa de Jules III, appelée *Papa Giulio*, le célèbre palais de Farnèse, à Rome, furent construits d'après ses dessins. La façade de la Porte du Peuple (*la Porta Pia*), la restauration de la grande salle des thermes de Dioclétien, furent également son ouvrage. Accablé sous le poids des années, le grand artiste travaillait encore. Prévoyant cependant sa fin prochaine, il se fortifiait dans les sentiments de piété qui l'avaient toujours animé, ne vivant plus désormais que dans l'espérance et les contemplations de la vie future. Il atteignit ainsi l'âge de quatre-vingt-dix ans. Près de succomber enfin aux atteintes d'une fièvre lente, il manda son neveu Léonard Buonarotti, auquel il dicta son testament, en ces mots : « Je laisse mon âme à Dieu, mon corps à la terre, mon bien à mes parents les plus proches. » Il mourut à Rome, le 17 février 1564. Son corps fut porté dans l'église des Saints-Apôtres, en attendant qu'on pût lui élever un tombeau dans la basilique de Saint-Pierre. Mais Florence réclama comme son patrimoine cette précieuse dépouille. Enlevé secrètement par les ordres de Côme de Médicis, le corps de Michel-Ange fut transporté à Florence, où il fut reçu avec les plus grands honneurs. On lui dressa dans l'église de Saint-Laurent, lieu de sépulture des grands-ducs, un pompeux catafalque à la décoration duquel contribuèrent tous les arts qu'avait cultivés l'illustre défunt.

Un monument plus durable fut élevé bientôt à Michel-Ange dans la belle église de Sainte-Croix. Autour du tombeau, trois statues se tiennent debout, statues pieusement tristes et rêveuses, ouvrage de trois élèves du grand homme ; ce sont la sculpture, l'architecture et la peinture.

Aucun homme peut-être n'a réuni autant de qualités éminentes d'artiste que Michel-Ange, dont l'Italie place le nom glorieux à côté de celui de Raphaël. Cet homme extraordinaire, qui eut l'insigne honneur d'être recherché et aimé par six pontifes romains [1], par François Ier, Charles-Quint, et bien d'autres puissances, était doué de toutes les vertus de l'homme de bien et du véritable chrétien. Il lisait avec amour l'Ecriture sainte, et rapportait à Dieu seul tous ses travaux et ses succès. Il n'avait connu dans sa jeunesse d'autre besoin que celui d'exercer son esprit, d'autre plaisir que celui de cultiver les arts. Devenu riche et dans un âge plus avancé, il méprisa le luxe et méconnut même les commodités de la vie. Aimé, recherché des grands, il les fuyait, et ne voulut jamais accepter de présents, qu'il regardait comme autant de liens incommodes et difficiles à rompre. Economie, frugalité, désintéressement, austérité de mœurs, indépendance et inflexibilité de caractère, mépris de la fortune : telles furent les hautes vertus stoïques ou plutôt chrétiennes dont il ne cessa de donner l'exemple. Sa sobriété le rendait très-actif;

[1] Jules II, Léon X, Clément VII, Paul III, Jules IV et Paul IV.

dormir tout habillé, ne vivre souvent que de pain et d'eau, passer les nuits au travail ou en promenades solitaires, sont les moindres traits qui caractérisent les habitudes de sa vie. On dit que, pendant ses veilles fécondes, il était dans l'usage de porter une petite lampe sur sa tête, afin d'avoir les mains libres, et d'agir, aller ou venir en toute liberté.

Mais Michel-Ange était doué encore de vertus plus douces. Il était pour ses proches, ses amis, et les étrangers même, d'une générosité toute chrétienne. Cet artiste, qu'on accusait d'avarice, consacrait l'argent gagné à la sueur de son front à soulager les malheureux, à fournir des dots à de pauvres filles, et à secourir enfin ou enrichir ceux qui l'entouraient.

A l'âge de quatre-vingt-trois ans, il perdit Urbin son fidèle serviteur, qu'il avait pris à son service après le siége de Florence en 1530 et qui ne l'avait plus quitté depuis. Plein de reconnaissance pour ses soins et son dévouement, il le chérissait comme un ami véritable. Un jour Michel-Ange lui dit : « Si je venais à mourir, que ferais-tu ?

— Il faudra bien, lui répondit-il, que je serve un autre maître.

— Oh ! mon pauvre Urbin, non, je ne le souffrirai pas, » reprit Michel-Ange. Et il lui remit à l'instant deux mille écus. Lorsque le serviteur tomba malade, son maître voulut le servir et le veiller lui-même : il resta plusieurs nuits tout habillé près de son lit, le soignant comme un fils, jusqu'à ce qu'il le vît mourir dans ses bras. Le grand artiste pleura sa mort. Voici de quelle manière touchante il répondait à Vasari, qui lui avait écrit une lettre de condoléance sur ce triste sujet.

« Messire George, mon cher ami, j'écrirai mal; cependant il faut que je vous dise quelque chose en réponse à votre lettre. Vous savez comment Urbin est mort; ç'a été pour moi une très-grande faveur de Dieu, parce qu'Urbin, après avoir été le soutien de ma vie, m'a appris non-seulement à mourir sans regret, mais même à désirer la mort. Je l'ai gardé vingt-six ans avec moi, et je l'ai toujours trouvé parfait et fidèle. Je l'avais enrichi, je le regardais comme le bâton et l'appui de ma vieillesse, et il m'échappe en ne me laissant que l'espérance de le revoir dans le paradis. J'ai un gage de son bonheur dans la manière dont il est mort. Il ne regrettait pas la vie, il s'affligeait seulement en pensant qu'il me laissait accablé de maux au milieu de ce monde trompeur et méchant. Il est vrai que la majeure partie de moi-même l'a déjà suivi ; et tout ce qui me reste n'est plus que misères et que peines. Je me recommande à vous [1]. »

Grand architecte, peintre sublime, statuaire sans égal, Michel-Ange était encore poëte, et sa poésie était aussi une expression de sa foi. Rempli d'admiration pour le génie du Dante, dont il semble avoir adopté dans ses compositions la sombre profondeur, la force incomparable et parfois la bizarrerie, il a mis dans ses vers le même caractère de force et de grandeur qui

[1] Ami austère de la vérité, patient et modeste, et non point vindicatif, Michel-Ange, quoique réservé dans ses paroles, dit Vasari, laissait échapper parfois des saillies agréables et piquantes. En voici quelques-unes rapportées par son historien.

Un peintre avait gagné beaucoup d'argent en composant de mauvais tableaux. Interrogé sur son mérite, Michel-Ange répondit : « Tant qu'on cherchera à devenir riche, on sera un pauvre homme. »

Un artiste avait peint un bœuf qui se trouvait être la meilleure partie de son tableau. « Pourquoi cette bizarrerie? demandait-on à Michel-Ange. — C'est que tout peintre se représente bien lui-même, » répondit-il.

On lui montrait un dessin fait par un enfant dont on excusait les fautes en répétant : « Il y a peu de temps qu'il dessine. — Oh ! cela se voit bien, » s'écria Michel-Ange.

Un sculpteur devant exposer une statue, se fatiguait à disposer le jour de son atelier : « Ne te donne pas tant de peine, lui dit Michel-Ange ; ce que tu as le plus à craindre, c'est le grand jour. »

Un peintre avait pillé nombre de peintures et de dessins pour composer un tableau; Michel-Ange dit à un de ses amis qui lui demandait son avis sur cette composition : « Ce n'est pas mal ; mais lorsque viendra le jour du jugement où chacun reprendra ses membres, que restera-t-il de cette pauvre toile? rien. »

distingue ses statues et ses peintures. Mais composés la plupart vers la fin de sa vie, alors que son âme, comme il nous l'apprend lui-même, se tournait tout entière à Dieu, ils sont peut-être à la fois l'expression la plus haute et la plus douce des sentiments de ce prodigieux génie. Une suave et religieuse mélancolie règne dans la plupart de ses sonnets. L'un d'eux commence et se termine ainsi : « Il touche à son terme le cours de ma vie : à travers cette mer orageuse j'arrive dans ma frêle barque au port universel où chacun doit rendre compte du bien et du mal qu'il a fait... Sculpture ni pinceau ne peuvent désormais satisfaire mon âme; elle se tourne tout entière vers l'amour de Dieu, de ce Dieu qui pour nous recevoir étendit ses deux bras en croix. »

Michel-Ange ne se maria point. Un de ses amis exprimait ses regrets à l'illustre vieillard qu'il n'eut pas laissé d'héritiers de son nom et de ses talents. « Mes enfants, ce sont mes ouvrages, reprit l'artiste. Cette postérité me suffit. Laurent Ghiberti, ajouta-t-il, a laissé de grands biens et de nombreux héritiers. Saurait-on aujourd'hui qu'il a vécu, s'il n'eût fait les portes de bronze du baptistère de Saint-Jean? Ses biens sont dissipés, ses enfants sont morts; les portes de bronze sont encore sur pied. »

La basilique de Saint-Pierre de Rome est sur pied aussi, et tant qu'elle subsistera, le nom et la gloire de Michel-Ange brilleront du plus vif éclat dans la mémoire des hommes.

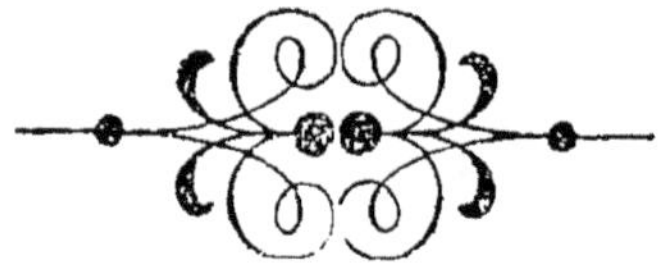

Germain Pilon (SCULPTEUR).

Vers 1515. — Vers 1590.

GERMAIN PILON, habile sculpteur et architecte, fut un de ces hommes rares destinés à donner une vive impulsion à l'art et à porter dans leur patrie le vrai goût du beau. Il naquit à Loué, près du Mans, vers l'an 1515. Ce fut dans l'atelier de son père, nommé Germain comme lui, et sculpteur habile, que le jeune Pilon puisa les premières leçons de son art. Il exécuta dans son pays divers ouvrages annonçant déjà ses rares dispositions. Telles sont plusieurs des quarantes statues de l'église de l'ancien prieuré de Solesmes, de Sablé, dans le Maine, connues sous le nom populaire de *Saints de Solesmes* [1]. Les nouveaux bénédictins, amis des arts et de la science, qui peuplent aujourd'hui ce pieux asile, conservent religieusement ces précieux souvenirs du génie d'un grand artiste ; l'un d'entre eux même, dit-on, s'inspirant de leur étude, a déjà produit plu-

[1] Une partie de ces statues existait avant Pilon, et il est probable que quelques-unes étaient l'ouvrage de son père.

sieurs essais de sculpture, où se révèle un de ces talents remarquables, que la vue du cloître ne dérobe pas toujours à l'éclat d'une juste renommée [1].

Germain Pilon vint à Paris (vers l'an 1550), où il perfectionna ses talents par les conseils et les exemples de Jean Cousin, du Primatice et surtout de Jean Goujon, dont il devint l'émule et l'ami. A ces deux grands hommes, Pilon et Goujon, notre pays doit les premiers ouvrages de sculpture qui, dans les temps modernes, ont le plus approché du bon goût de la statuaire antique. On ignore si Pilon avait visité l'Italie. Quoi qu'il en soit, doué d'un génie étendu et d'une grande facilité d'exécution, il produisit une quantité d'ouvrages dont la plupart des églises de Paris furent ornées. La Normandie lui devait déjà plusieurs monuments remarquables. Ayant fixé son séjour dans la capitale, Pilon y travailla jusqu'à un âge fort avancé. Mais de tant d'admirables morceaux de sculpture dont il décora nos temples, le vandalisme impie de la fin du dernier siècle a mutilé, dispersé ou détruit la plus grande part. Assez d'œuvres de cet éminent artiste ont survécu cependant pour attester son mérite et sa gloire.

[1] Voir les œuvres si pures, si chrétiennes du frère Jean, bénédictin de Solesmes : *la Madeleine, saint Benoit, Marie et l'Enfant Jésus.*

La renommée du talent de Germain Pilon s'étant répandue, il devint le coopérateur des grands travaux qui s'exécutaient alors. Chargé en 1558 de sculpter les huit bas-reliefs en marbre qui ornent la grande voûte du mausolée de François Ier, il s'acquitta de ce travail avec tant d'habileté, qu'il mérita de se voir confier l'exécution du tombeau élevé par Catherine de Médicis à Henri II son époux. Pilon y déploya toute la richesse et la grâce de son talent, soit dans les statues, soit dans les quatre bas-reliefs représentant *la Foi*, *l'Espérance*, *la Charité* et *les Bonnes-Œuvres*. L'artiste a représenté la Charité dépouillée de ses vêtements, qu'elle vient de distribuer aux malheureux, et donnant le sein à deux enfants à la fois. Ce beau monument a repris, en 1821, sa place dans la vieille basilique de Saint-Denis.

Le mausolée de *Guillaume Langei du Bellay*, placé en 1557 dans la cathédrale du Mans, est encore un des meilleurs ouvrages de Pilon. On doit citer aussi son groupe des *Parques*, tiré habilement d'un seul bloc de marbre, et qui représente, sous l'emblème de ces trois divinités, Diane de Poitiers et ses deux filles [1].

[1] Ce morceau, après avoir eu des destinées singulières, est devenu la propriété de M. Achille Devéria.

Une des productions les plus remarquables du ciseau de cet éminent artiste, est encore le mausolée du *chancelier de Béragne*, noble personnage qui, après la mort de son épouse Valentine Balbiani, embrassa l'état ecclésiastique et parvint à la dignité de cardinal. Cet admirable ouvrage, placé dans l'église de Sainte-Catherine du Val-des-Ecoliers, dite la Culture, fut, à la démolition de cette maison, transporté aux Jésuites de la rue Saint-Antoine : plus tard on le transféra au musée des monuments français, dans le cloître des Petits-Augustins.

Mais le chef-d'œuvre de Germain Pilon, et l'une des productions les plus insignes de la sculpture française, est le groupe des *Trois Grâces*, prises dans un seul bloc de marbre, et qu'il exécuta par ordre de Catherine de Médicis. Pilon a déployé dans la figure et dans la pose de ces trois sujets, toute l'élégance et tout le charme de son talent ; drapées d'une étoffe transparente, d'une légèreté et d'une vérité admirables, elles sont adossées les unes aux autres, et se tiennent par la main. Les lignes, bien combinées, sont variées sans nuire à l'unité de l'ensemble, et les formes, fines et sveltes, sont en harmonie avec la grâce du sujet. « Ce joli groupe faisait partie du monument élevé à la mémoire de Henri II, par Catherine de Médicis, qui avait voulu représenter son union avec son époux, dont le cœur, en attendant le sien, était renfermé dans un vase de bronze doré, supporté par le groupe. Cette allégorie païenne était peu convenable à un mausolée chrétien destiné à être placé dans une église (celle des Célestins de Paris). Mais du moins ces trois graces, bien différentes de celles qu'on voit dans la sacristie de la cathédrale de Sienne, sont voilées et remplies de décence, et sans les inscriptions gravées sur chacune des faces du monument, rien n'empêcherait d'y voir aussi bien l'union des trois vertus théologales, la foi, l'espérance et la charité [1].

Germain Pilon avait aussi sculpté, pour la chapelle du Louvre, une belle statue de *St François*, qu'on peut voir encore dans l'église de Saint-François d'Assise, au Marais. Mais c'est en vain qu'on chechcrait dans les églises de Sainte-Catherine, de Saint-Gervais, des Célestins, de Saint-Etienne-du-Mont, la Sainte-Chapelle, et tant d'autres, les traces de ces morceaux de sculpture admirable dont les avait ornées le ciseau

[1] Le groupe des Grâces de Germain Pilon, après avoir été transporté à la fin du dernier siècle au musée des monuments français, a été réuni en 1822, dans une des salles du Louvre, aux plus belles sculptures de l'école française.

religieux de ce grand artiste. Plusieurs de ces églises n'existent plus de nos jours, et dans celles qui subsistent encore, les orages politiques n'ont point épargné ces pieux monuments. C'est donc dans les historiens de Paris, dans Félibien, Sauval Piganiol de la Force, etc., qu'il faut chercher les détails des belles statues, des admirables bas-relifs, dont le ciseau de Pilon avait décoré nos temples. Son nom et sa gloire vivent néanmoins dans le petit nombre de ses œuvres que le temps nous a conservées, et elles suffisent pour justifier la renommée d'un grand artiste, qui sut allier sans effort la gravité du style de Michel-Ange à la grâce de Primatrice, et s'avancer par son seul génie vers la perfection, dans un art dans lequel aucun de ses contemporains ne lui avait servi de modèle.

Germain Pilon mourut vers 1590, laissant un nom illustre et vénéré dans la mémoire des hommes [1].

[1] L'année 1590 est l'époque vraisemblable de la mort de Germain Pilon. C'est par erreur que pendant long-temps on avait assigné à cette date l'année 1606.

Jean Goujon (SCULPTEUR).

1520. — 1572.

JEAN GOUJON, qu'on a surnommé le *Phidias français*, naquit à Paris vers l'an 1520. Il est généralement regardé comme le restaurateur de la sculture en France. On a peu de détails sur son histoire. Sa vie, comme celle de la plupart des hommes doués d'un rare talent, est toute entière dans ses ouvrages. Il se forma en France, et prit les anciens pour modèles : il avait dû cependant parcourir l'Italie, si l'on en juge par le rapport que présente sa manière avec celle de l'école florentine. Emporté par le caractère de son génie dans une route toute différente de celle qu'avait suivie Cousin, ce fut surtout par la grâce de ses compositions qu'il parvint à disputer le premier rang au chef de l'école française. Aussi l'a-t-on appelé *le Corrége de la sculpture*. L'un de ses chefs-d'œuvre est la *Fontaine des Innocents* à Paris. Tandis que Pierre Lescot, en sa qualité d'architecte, s'occupait de l'ensemble du monument, Goujon, chargé des sculptures, y plaçait deux bas-reliefs, où il avait représenté des figures de Naïades de la forme la plus gracieuse, et d'un fini, d'une élégance qui rappelaient la simplicité pleine de charmes des ouvrages antiques. Bientôt *l'hôtel de Carnavalet*, future demeure de Mme de Sévigné, avec sa frise composée d'enfants jouant avec des festons, et sa grande porte toute décorée de lions, de renommées et de victoires, vinrent accroître la réputation de Jean Goujon. La *tribune de la salle des Cent-Suisses*, au Louvre, est encore son ouvrage. Le sculpteur Sarrasin n'a cru pouvoir mieux faire que d'imiter les caryatides gigantesques qui décorent cette tribune, et qui sont d'un goût exquis et d'un admirable dessin. Perrault les a fait graver par Sébastien Le Clerc, dans sa traduction de Vitruve.

La duchesse de Valentinois, Diane de Poitiers, avait mis son talent à contribution pour décorer son château d'Anet. Goujon, par reconnaissance sans doute, lui consacra un beau monument qu'on admire au Louvre. Sur un socle en forme de vaisseau, *Diane* est couchée au bord d'une fontaine ; ses membres fatigués s'appuient sur un cerf qui repose près d'elle ; ses chiens dorment à ses pieds, et elle a dépouillé son carquois et ses armes. Il n'y a rien dans ce groupe qui tienne de l'antique, mais il respire une grâce qui lui est particulière. Parmi les belles œuvres de Goujon, citons encore les caryatides en ronde-basse qu'il sculpta dans une des salles du Louvre occupées aujourd'hui par les antiques : ces figures de femmes vêtues ont toujours été citées depuis avec les chefs-d'œuvre qui font époque dans l'histoire des arts.

L'habile et gracieux ciseau de Jean Goujon orna d'autres sculptures la partie du Louvre que bâtit Pierre Lescot. Il avait produit encore bien d'autres morceaux précieux ; mais la révolution du dernier siècle en a détruit plusieurs. M. Alexandre Lenoir en a sauvé quelques-uns de la fureur des Vandales modernes, en les achetant pour les déposer au musée des Monuments français. Tels sont entre autres : un bas-relief représentant *la Mort et la Résurrection*, exprimées par une ingénieuse allégorie ; et un autre bas-relief représentant *le Christ au tombeau*, également précieux par la beauté des formes, la vérité des expressions et la correction du dessin. « Les Grâces, dit M. Lenoir, n'ont rien produit de plus parfait. »

Jean Goujon fut tué d'un coup d'arquebuse, pendant qu'il travaillait sur un échafaudage aux décorations du vieux Louvre, le jour de la saint Barthélemi (24 août 1572. Il avait eu pour amis Germain Pilon et Pierre

Lescot, artistes célèbres alors, et il forma Bullant, l'architecte du château d'Ecouen, et le compagnon de Philibert Delorme dans la construction de celui des Tuileries.

Philibert Delorme (ARCHITECTE).

15... — 1577.

PHILIBERT DELORME, célèbre architecte français, naquit à Lyon vers le commencement du XVIe siècle. Dès l'âge de quatorze ans, dit-on, il alla étudier l'antiquité en Italie. Le cardinal Marcel Corvin, depuis pape sous le nom de Marcel II, témoin du zèle de ce jeune homme pour s'instruire, le reçut dans son palais, l'y entretint généreusement, et lui facilita les moyens de perfectionner ses talents. Nous verrons tout-à-l'heure un autre cardinal attirer à Paris le jeune Philibert et le prendre sous sa protection. C'est ainsi que les princes de l'Eglise ont toujours honoré le génie naissant, et offert leur tutélaire appui aux talents appelés à de hautes destinées.

Philibert Delorme revint en France en 1536, et habita d'abord sa ville natale, qu'il enrichit de ses travaux. Il construisit le portail ou *conque* ou *crypo-portique* de la belle église de Saint-Nizier, et plusieurs maisons ornées de voûtes et d'escaliers en trompe, dont il introduisit l'usage. Cependant le cardinal de Bellay, instruit du mérite du jeune architecte lyonnais, le manda à Paris, et le fit connaître à la cour. Des ouvrages importants lui furent presque aussitôt confiés. Il débuta par le superbe escalier en fer à cheval du château de Fontainebleau. Delorme donna ensuite les plans des châteaux d'Anet et de Meudon. La première de ces délicieuses demeures, est une des productions les plus remarquables de notre architecture privée, et elle occupe une place importante dans l'histoire architecturale de la France.

Anet, suivant la poétique et royale intention de Henri II, devait devenir un séjour enchanté, embelli de tous les prestiges de l'art et de la nature. Aucune limite ne fut imposée à l'imagination de Philibert Delorme. L'architecte se donna donc libre carrière, et s'aidant du concours d'hommes tels que Jean Goujon, Jean Cousin, etc., il construisit sur les bords de l'Eure, entre Mantes et Dreux, cette merveilleuse habitation d'Anet, où le visiteur ne voit plus guère que des ruines, dans lesquelles il est bien difficile de retrouver des traces de son ancienne splendeur [1].

[1] Quelques parties importantes du château d'Anet nous ont cependant été conservées : on peut y étudier son architecture, et le style de

Le riche fief de Meudon appartenait alors aux princes de la maison de Lorraine ; ils y appelèrent Delorme et le Primatice, et livrèrent ce site enchanteur aux prestiges de leur féconde imagination. Delorme éleva cette immense terrasse que nous voyons encore. Du haut de cette terrasse, dit un gracieux écrivain, la vue se plongeait dans le riant vallon de la Seine. Paris, avec ses grosses tours, les eaux blanches du fleuve se jouant dans la plaine autour des petites îles chargées de grands arbres, la colline de Saint-Cloud toute parsemée de cabanes de pêcheurs, la flèche de Saint-Denis, les ermitages du Mont-Valérien, Neuilly, Boulogne, et puis à vos pieds Meudon avec sa petite église et son humble presbytère, tel était le vaste amphithéâtre au sommet duquel Delorme venait asseoir un palais splendide. D'autres châteaux, tels que ceux de Villers-Cotterets, de la Muette près Saint-Germain, de Saint-Maur, furent encore construits sur les dessins de l'habile architecte.

Après la mort de Henri II (1559), Catherine de Médicis, remplit d'estime pour Philibert Delorme, lui confia l'intendance de ses bâtiments et le chargea de

Philibert Delorme. Ce sont, sur les lieux mêmes, la chapelle et la décoration de l'entrée, et à l'école des beaux-arts, le portail qui décorait autrefois le milieu du corps de bâtiment principal.

divers travaux. Il donna vers cette époque les plans de la cour des Valois à Saint-Denis. Cependant cette princesse, voulant que la France se souvînt d'avoir eu pour reine une Médicis, tout en poursuivant l'achèvement du Louvre, ordonna à Philibert Delorme de jeter les fondements des *Tuileries*. Ce fut elle-même qui en conçut le plan, au dire de l'artiste, ne laissant à sa disposition que les détails d'architecture. Les Tuileries devaient être accompagnées, dans ce plan, de basses-cours, granges, celliers, de tout ce qui formait enfin l'assortiment nécessaire d'un ménage bien établi. Mais ce plan commencé ne fut point poursuivi. On construisit le bâtiment principal du palais, composé seulement du pavillon de l'horloge, des deux corps-de-logis contigues et des petits pavillons qui les terminent. Réduit à ses dimensions, il présentait, avec ses colonnes de marbre rouge, ses chapiteaux richement sculptés, ses galeries en arcade, une légèreté et une grâce que lui enleva, sous Henri IV et Louis XIII, l'addition postiche de deux corps-de-logis et de deux grands pavillons construits sur les dessins de Ducerceau. Philibert fut récompensé en raison du talent qu'il venait de déployer dans l'exécution de ce petit chef-d'œuvre. On lui donna de bonnes abbayes, et quoiqu'il ne fût que tonsuré, la reine y joignit le titre de conseiller et d'aumônier ordinaire du roi. C'était alors une triste époque, où l'on voyait trop souvent les bénéfices ecclésiastiques jetés par les rois à la tête du premier intrigant. Hâtons-nous de dire, cependant, que Philibert Delorme avait droit aux faveurs royales par l'élévation de son talent et la noblesse de son caractère. Ses nombreux travaux témoignaient hautement de sa profonde connaissance de l'art. Son puissant crédit à la cour lui attira des envieux. La plume caustique de Ronsard, le bel esprit du temps, publia, sous le titre de *la Truelle crossée*, une violente satire de l'architecte. Un jour, en accompagnant la reine, il avait vu se fermer devant lui le jardin du palais des Tuileries, dont Delorme était gouverneur ; le poëte, jaloux de lui donner une leçon d'humilité, écrivit sur la porte ces mots : *Fort. Reverent. Habe.* Delorme prit cela pour du français et pour une injure : de là plaintes à Catherine. Ronsard, intimé à comparaître, s'excusa sur ce qu'il avait pris M. l'abbé Delorme pour un savant latiniste et devant se rappeler à demi-mot le distique d'Ausonne :

Fortunam reverenter habe, quicumque repentè
Dives ab exili progredere loco.

Philibert Delorme mourut à Paris en 1577. Il a

laissé quelques écrits sur son art, entre autres un traité intitulé *Nouvelles Inventions pour bien bâtir et à petits frais.* Il a donné son nom à une espèce de couverture en charpente qu'il avait inventée. Si Delorme a peu contribué à établir en France le bon goût de l'architecture, on ne peut lui refuser d'avoir déployé de grands talents dans ses nombreux travaux. Cet habile architecte a fait preuve d'une sorte de génie dans ce qu'il a écrit sur *la coupe des pierres.* On ne lui conteste point la gloire d'avoir le premier réduit en règles cette partie délicate de son art, frayant ainsi une route inconnue aux anciens, et d'avoir surpassé tous ses contemporains dans la construction des voûtes.

Dans cette esquisse de la vie et des principaux chefs-d'œuvre de quelques-uns de nos artistes du XVIe siècle, nous n'avons cité qu'un petit nombre d'ouvrages inspirés par la religion. On peut s'en étonner : mais c'est en effet une indifférence notable et qui doit être signalée entre l'école française et l'école italienne. Les Italiens allaient chercher leurs inspirations dans les temples; c'est là, comme parle un sage écrivain, qu'ils puisaient les idées d'une beauté et d'une grâce idéales qui n'ont jamais été exprimées avec plus de perfection que dans leurs madones. Les évêques, les riches monastères consacraient une partie de leurs trésors à orner leurs cloîtres et leurs chapelles des plus beaux monuments des arts. Le clergé s'était mis, en un mot, à la tête du mouvement, tandis qu'en France ce fut la cour. Aussi vit-on chez nous des Dianes, des Psychés, des Vénus, des sujets tirés de l'histoire grecque et romaine, et peu, très-peu de ces *Nativités*, de ces *Saintes Familles* que le génie tendre et sublime du christianisme avait révélées aux Pérugin, aux Corrége, aux Vinci, aux Raphaël. Ainsi nos artistes négligeaient la source d'émotion la plus féconde et la plus variée ; car, on ne peut se le dissimuler, la religion exerce sur l'âme une puissance supérieure à toutes les autres impressions. Les ouvrages les plus renommés des grands maîtres traitent des sujets pieux ; c'est le *Moïse* de Michel-Ange, la *Transfiguration* de Raphaël, la *Nativité* du Corrége, le *S. Jérôme* du Dominiquin, la *Ste Petronille* de Guerchin, la *Descente de croix* de Daniel de Volterre. Comparez ces ouvragres sacrés aux ouvrages profanes des mêmes artistes, le *Sposalizio* de Raphaël, par exemple, à la *Galathée*, la *Psyché* de Canova à la *Madeleine*, et il vous sera facile d'apprécier la différence des sentiments sous l'empire desquels ces divers chefs-d'œuvre ont été produits[1]...

[1] De la Gournerie.

L'école française prendra une noble revanche au siècle suivant. Le XVIe siècle écoulé avec ses luttes théologiquese et ses guerres de religion, le clergé profitera de ses loisirs pour encourager les arts : nous verrons Lesueur tracer sa *Galerie des Chartreux*, notre illustre Puger sculpter son *S. Sébastien*, son groupe de l'*Assomption*, et Jouvenet, Le Brun, Mignard et notre grand Poussin reproduire parmi nous les scènes touchantes de la vie de Jésus-Christ. Ajoutons de même, à l'honneur de notre école, dans la manière dont elle traitera les sujets pieux, elle conservera ce sentiment des convenances qui ne fut pas toujours l'apanage de l'école italienne. Dans le XVIIe siècle, où nous entrerons bientôt, nous ferons donc en France une plus longue halte, pour contempler les merveilleux produits que le génie soutenu par la foi y fit éclore.

D. Fontana (ARCHITECTE).

1543 — 1607.

Dans un siècle comme celui de Léon X, où tant d'hommes illustres aussi bien dans les lettres que dans les arts et dans les sciences étaient les objets d'une juste et universelle admiration de la part de leurs contemporains, il fallait des talents très-remarquables pour briller au milieu de la foule nombreuse des artistes en tous genres qui, excités par les encouragements intelligents des souverains pontifes, rivalisaient d'industrie, de zèle et de génie afin de pouvoir livrer un nom immortel aux siècles futurs.

Quand Fontana parut, le Bramante, San Gallo, Vignole, Palladio, le grand Michel-Ange avaient déjà rempli l'Italie des chefs-d'œuvre qui firent la célébrité de leur nom. Leur gloire, loin d'effrayer Fontana, ne fit que l'encourager à marcher sur leurs traces.

Né au village de Mili, près du lac de Côme, en 1543, Fontana passa ses premières années dans l'étude de la géométrie, pour laquelle il se sentait une aptitude naturelle. A l'âge de vingt ans, il se rendit à Rome, près de son frère Jean, qui y était architecte. Là, le jeune Dominique se mit à étudier avec ardeur les restes précieux de l'antiquité arrachés à l'action destructive des temps ou des barbares ; en même temps, il ne negligeait point non plus les chefs-d'œuvre des plus grands maîtres modernes. Cette conduite ne tarda pas à le rendre habile et à le faire remarquer. Sixte-Quint, alors seulement cardinal de Montalto, lui confia la construction de plusieurs monuments, que Fontana acheva d'une manière aussi honorable que désintéressée, et particulièrement la chapelle *del Presepio*, à Ste-Marie-Majeure. Ce fut là le commencement de sa réputation, qui alla toujours depuis en grandissant.

Peu de temps après, le cardinal de Montalto fut nommé au siége pontifical, et il se souvint du jeune artiste qui l'avait si bien servi. Il nomma Dominique Fontana son architecte et l'honora de la protection la plus bienveillante.

Dès lors l'architecte fut toujours occupé de travaux nombreux et importants : on compte parmi les principaux : le palais du pape, connu depuis sous le nom de *Villa Negroni* ; le palais pontifical de *Montecavallo* ; la fontaine d'*Acqua Felice*, emmenant à Rome, d'une montagne éloignée d'environ cinq lieues, des eaux qui viennent tomber en cascades majestueuses dans de vastes bassins de marbre et de granit, environnés d'un peuple de statues; celle de la place Termini; la bibliothèque du Vatican et la partie extérieure de ce palais qui regarde la place St-Pierre et la ville de Rome; mais ce qui contribua le plus à sa réputation fut l'érection de l'obélisque qui se trouve actuellement sur la place St-Pierre.

Près de la vieille sacristie de cet édifice, était depuis longtemps, comme caché au milieu des décombres, un de ces monuments consacrés, suivant une tradition assez douteuse, au fils de Sésostris, et transporté à Rome sous Caligula. Ce monolithe fut placé dans le cirque du Vatican, auquel il servait de borne. Il avait été témoin de bien des horreurs; il avait vu Néron déguisé en cocher conduire son char à la lueur des flambeaux vivants, c'est-à-dire des chrétiens revêtus de la toge incendiaire, attachés à des poteaux placés de distance à distance et éclairant les jeux nocturnes du cruel empereur[1].

Plus d'un pape avant Sixte-Quint avait eu l'intention de le faire transporter au milieu de la place; mais ce projet n'avait pu recevoir son exécution, parce que l'on

[1] Tacite, chapitre cxv.

ne s'était point accordé sur les moyens à employer, et surtout parce que l'on avait été effrayé des difficultés du transport et des dépenses considérables qu'il eût fallu faire.

Sixte-Quint, déterminé à surmonter tous les obstacles, s'adressa d'une manière solennelle aux plus habiles mathématiciens, ingénieurs ou architectes de l'Europe. Ils étaient, dit-on, au nombre de cinq cents, et chacun d'eux offrit pour la réussite de l'entreprise un modèle, un dessin, ou tout au moins un mémoire. Leurs avis, comme on pouvait s'y attendre, furent très-partagés. Fontana était un de ceux qui avaient présenté un modèle. L'obélisque était à moitié enfoui dans la terre. La grande question consistait à savoir si l'on essaierait de le transporter ainsi, après l'avoir dégagé de ce qui l'encombrait, ou si l'on commencerait par l'abattre entièrement. Fontana soutenait, contre le sentiment le plus général, qu'il convenait de transporter l'obélisque couché et de ne le relever que sur la place. Le pape voulut qu'il fît une expérience sur un petit obélisque autrefois appartenant au mausolée d'Auguste : elle fut heureuse, et Fontana eut la joie de voir son projet accepté. Cette joie fut cependant diminuée par l'adjonction de deux collègues. Sixte-Quint nomma Jacques della Porta et

Barthélemi Ammanati, pour concourir à ce travail; mais à force de représentations Fontana obtint du souverain pontife de courir seul les risques d'une entreprise dont il voulait en cas de réussite revendiquer seul la gloire.

Cet énorme monolithe présentait en longueur cent onze palmes et demi [1]; il en avait douze de large à sa base, et huit au sommet; il pesait en tout 1,500,000 livres.

On commença par abattre l'obélisque, puis on s'occupa de l'élever à trois palmes de terre : cela fait, il fut emmené sur la place, étendu horizontalement sur quatre rouleaux. Il fallait ensuite l'élever sur son piédestal : on attendit, par ordre du pape, que le temps des grandes chaleurs fût passé; et enfin, le 10 septembre 1586, on effectua ce complément d'un travail si prodigieux, le jour où le duc Piney Luxembourg, ambassadeur de France, faisait son entrée dans Rome.

Dès l'aurore, la place de St-Pierre était couverte d'une foule immense, avide d'un tel spectacle. L'architecte demandait un grand silence, afin que l'on pût entendre ses ordres. Sixte V fait publier un édit par

[1] Le palme romain (des architectes) est équivalent à deux cent vingt-trois millimètres.

lequel il annonce que le premier spectateur, de quelque rang, de quelque condition qu'il soit, qui *proférera un cri* ou troublera l'opération, sera sur-le-champ *puni de mort*. Personne n'est admis sur la place sans connaître la rigueur de l'ordonnance. Il est bien convenu avec tous les assistants qu'on n'entendrait que le son de la trompette pour régler les mouvements, et le son des cymbales pour marquer les repos : la voix seule du directeur des travaux pouvait interrompre le silence universel.

Une telle contrainte ne coûte pas d'efforts à ce peuple si enthousiaste des arts, et qui, en beaucoup de circonstances, sait avoir quelque chose de la grandeur et de la dignité du peuple romain. Sixte V s'avance bientôt lui-même suivi de sa cour et s'assit sur une estrade.

Les cordes mises en mouvement soulèvent l'obélisque, et portent cette masse d'un poids immense près de la place disposée pour la recevoir. Le pape encourage les ouvriers par des signes de tête et par des regards étincelants de joie.

Encore un instant, et le but est atteint. Fontana parle seul, il commande une dernière manœuvre.

Tout-à-coup, un capitaine de bâtiment gênois, nommé Bresca, natif de San-Remo, dans la rivière de

Gênes, crie du milieu de la foule, et d'une voix retentissante :

Aqua alle funi! « De l'eau aux cordes ! »

Et aussitôt il va se livrer aux gardes qui entourent l'instrument du supplice, dressé à un angle de la place. Fontana regarde avec attention les cordes; il voit qu'effectivement elles vont prendre feu, se rompre, laisser tomber l'obélisque et écraser les ouvriers; il ordonne qu'on mouille les cordes rapidement. Bresca savait que les câbles placés verticalement se resserrent lorsqu'on les mouille, et naturellement élèvent le poids qui y est suspendu. Il en arriva ainsi, et l'opération s'acheva au milieu des applaudissements universels.

Le pape tend les bras à Fontana : celui-ci court à l'homme qui avait crié *Aqua alle funi!* l'embrasse, le conduit au pape, à qui il demande la grâce.

« Il ne s'agit pas de grâce, repartit Sixte V, il s'agit de récompense; qu'il désigne lui-même la récompense qu'il veut! »

Bresca, qui savait que dans les jardins de sa ville natale on cultivait des palmiers, et que l'on venait y acheter des rameaux le jour des palmes, demanda pour lui et ses decendants, le privilége de vendre au palais apostolique les palmes nécessaires pour la fête des Rameaux. Un diplôme qui accordait ce privilége fut délivré le lendemain; de plus, le chef de la famille fut déclaré capitaine honoraire du premier régiment, avec le droit d'arborer le pavillon pontifical à bord de son navire.

La famille Bresca, illustrée par son aïeul, est encore chargée aujourd'hui de fournir les palmes des Rameaux. Chaque année, elle envoie un bâtiment qui les apporte à Rome, où elles sont distribuées avec les cérémonies d'usage.

Dès l'aurore, on avait commencé l'opération; elle fut terminé en cinquante-deux reprises, au coucher du soleil. Il faut bien se pénétrer de l'enthousiasme des habitants de Rome pour les arts, et pour tout ce qui peut accroître la magnificence de la *ville éternelle*, si l'on veut se faire une idée des transports et des acclamations qui récompensèrent Fontana de ses peines. Les ouvriers le portèrent en triomphe sur leurs épaules, au bruit des trompettes et des tambours. Sixte V ne fut pas moins sensible à la réussite d'une telle entreprise, la plus considérable de celles qui eurent lieu sous son pontificat. Il fit frapper deux médailles pour en consacrer le souvenir, ennoblit Fontana et le créa chevalier de l'Eperon-d'or. A ces honneurs, il joignit des récompenses pécuniaires. Il lui fit payer 5,000 écus d'or et lui donna une pension de 2,000 écus, reversible à ses héritiers. Fontana eut enfin la charpente et tous les matériaux, qui ne produisirent pas moins de 20,000 écus romains. Cet énorme monolithe, d'une matière à peu près indestructible, est encore aujourd'hui au lieu même où l'éleva l'architecte. Seulement, à cette époque, il était supporté par quatre lions de bronze et pouvait avoir cent pieds d'élévation. Les lions ont disparu, et la hauteur de l'obélisque ne s'élève plus qu'à soixante-douze pieds. Sur un des côtés qui regardent la fontaine, se lit la dédicace qui en fut faite par Caligula aux empereurs Auguste et Tibère. Sur les côtés opposés à la place, est gravée cette inscription triomphale, digne inspiration de Sixte V :

Ecce crux Domini.
Fugite,
Partes adversæ,
Vicit Leo
De tribu Juda.

« Voici la croix du Seigneur. Fuyez, puissances ennemies ; le Lion de la tribu de Juda a vaincu. »

La face qui regarde St-Pierre proclame en ces termes l'éternelle victoire du Christianisme :

Christus vincit,
Christus regnat,

Christus imperat.
Christus ab omni malo
Plebem suam
Defendat.

« Le Christ est vainqueur, le Christ règne, le Christ commande. Que le Christ défende son peuple de tout mal. »

C'est ainsi que les souverains pontifes ont toujours su faire servir à la gloire et à la proclamation de la religion, les objets d'art qui semblaient devoir perpétuer les souvenirs du paganisme.

Après avoir si bien réussi, Fontana n'éprouva nulle difficulté pour élever, selon les désirs de Sixte V, trois autres obélisques : Celui du mausolée d'Auguste, dont nous avons déjà parlé et qui fut érigé sur la place de Ste-Marie-Majeure. Des recherches assidues, parmi les ruines de Rome antique, firent trouver les deux derniers. L'un est devant la basilique de St-Jean de Latran, l'autre orne la place voisine de la porte du Peuple. Ce fut encore par ses soins que l'on transporta, des thermes de Dioclétien à la place de *Monte Cavallo*, les deux célèbres groupes colossaux de deux héros ou demi-dieux que l'on attribue, sans avoir toutefois d'autorité bien positive, à Phidias et à Praxitèle.

La réparation des colonnes Antonine et Trajane occupèrent ensuite Fontana.

Il eût été extraordinaire que, chargé de tant de travaux aussi avantageux à sa fortune qu'à sa gloire, Fontana n'eût point ressenti les atteintes de l'envie. Elle semblait ne l'avoir ménagé jusqu'alors que pour l'accabler soudain, au milieu de la prospérité en apparence la mieux assurée.

Sixte V son protecteur étant mort, Fontana s'occupait d'un pont dans le quartier dit *Borghetto*, lorsqu'on l'accusa d'avoir détourné à son profit des sommes considérables, dans les entreprises qui lui avaient été confiées.

Nous ne répondrons à cette accusation que par un fait bien propre à la démentir, et qui honore le commencement de la carrière artistique de Fontana.

Nous avons vu Montalto lui confier l'exécution de la chapelle *del Presepio*, à Ste-Marie-Majeure. Montalto, à l'exemple d'un très-grand nombre de prélats et de princes italiens, désirait attacher son nom à des ouvrages imposants. Il voulut que Fontana n'épargnât rien pour l'exécution de ses plans, et il fut obéi. Mais Montalto, depuis si fameux sous le nom de Sixte V, était né au sein de l'indigence. Il avait besoin, pour soutenir son rang, des pensions que Grégoire XIII lui avait accordées. Ce pontife, mécontent de la magnificence qu'affectait le cardinal dans la construction de ces édifices, cessa de lui fournir de l'argent, et les travaux de Fontana eussent été interrompus si lui-même n'eût voulu les achever à ses propres frais, en y consacrant mille écus romains (plus de cinq mille francs), provenant de ses épargnes.

Après une aussi grande preuve de désintéressement, il doit paraître surprenant qu'on ait pu formuler des accusations de ce genre contre un homme dont la vie tout entière a protesté contre de semblables soupçons.

Quoi qu'il en soit, le nouveau pape Clément VIII le crut coupable et lui ôta son emploi.

Le vice-roi de Naples, empressé de procurer à son souverain un artiste aussi distingué, offrit à Fontana le titre d'architecte et de premier ingénieur du roi des Deux-Siciles. Fontana écouta ces offres honorables.

Il se rendit à Naples vers la fin de l'an 1592, et s'y maria. Des canaux qui préservèrent des inondations la province dite Terre de Labour, un chemin le long de la mer et d'autres travaux l'occupèrent jusqu'au moment où il construisit le palais du roi.

L'union qu'il y fit des ordres dorique, ionique et composite n'eut pas l'approbation de tous les connaisseurs. Il allait couronner par un ouvrage d'une très-grande importance sa vie laborieuse, quand divers obstacles l'empêchèrent d'exécuter ses desseins. Il s'agissait de construire un port dans cette ville de Naples, si avantageusement située pour en posséder un considérable. Ce projet ne fut réalisé que dans la suite, sous Pierre d'Aragon, par François Pachiati. Mais du moins ce dernier suivit le plan de Fontana.

Digne de prendre rang parmi les architectes et surtout parmi les ingénieurs célèbres, Dominique Fontana mourut à Naples en 1607, à l'âge de soixante-quatre ans, comblé d'honneurs et de richesses.

Malgré les critiques et les accusations dont Fontana fut l'objet, il ressort de la connaissance de son caractère et de sa vie, qu'il joignait aux talents qui font l'artiste, les qualités et les vertus qui font l'homme probe et honorable.

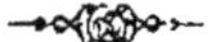

Bernini (PEINTRE, SCULPTEUR ET ARCHITECTE).

1598 — 1680.

Vers la fin du XVIe siècle, Pietro Bernini quittait la Toscane, sa patrie, pour aller à Rome étudier la peinture et la sculpture. Le zèle qu'il mit dans ses études ne tarda pas à le rendre habile dans ces deux arts. De Rome il passa à Naples, où il les exerça avec distinction et où il se maria. Cette union lui donna, en 1598, un fils qu'on nomma Giovanni-Lorenzo, connu plus tard sous le nom du cavalier Bernini. Ce fils était destiné à donner une illustration nouvelle à sa famille. Dès son enfance, Bernini annonça la plus étonnante facilité pour l'étude de tous les arts du dessin, et à l'âge de huit ans il exécuta en marbre une tête d'enfant qui fut considérée comme une merveille. Pietro Bernini, son père, voulant cultiver d'aussi heureuses dispositions, amena son fils à Rome, et lui inspira pour les grands maîtres un respect qui ne se démentit jamais, quoique par la suite Bernini eût abandonné leurs traces en voulant faire un genre à part. Paul V, qui occupait la chaire pontificale, voulut voir cet enfant extraordinaire qui, à dix ans, étonnait les artistes ; et il lui demanda s'il saurait dessiner sur-le-champ une tête à la plume :

— Laquelle ? répondit Bernini.

— Tu sais donc les faire toutes ! s'écria le pape avec surprise, et il ajouta :

— Fais un saint Paul. »

Le jeune artiste termina cette tête en une demi-heure, et le pape, enchanté, le recommanda vivement au cardinal Maffeo Barberini, amateur très-éclairé des arts.

« Dirigez, dit-il, dans ses études cet enfant qui deviendra le Michel-Ange du siècle. »

Les pressentiments de Paul furent justifiés : le Bernin fut bon peintre, bon sculpteur et grand architecte. Son activité était extrême. Pendant le cours de sa longue carrière (quatre-vingt-deux ans), il ne se donna presque jamais de repos : le désir de se faire un grand nom par ses ouvrages le tourmenta dès son enfance.

Annibal Carrache, se trouvant un jour dans l'église de Saint-Pierre, dit aux artistes qui l'accompagnaient (Bernini était du nombre) :

« Il ne faudra pas un médiocre effort de génie pour

élever sous la coupole de ce temple un baldaquin qui en soit digne.

— Dieu veuille, reprit le jeune Bernini, que je sois chargé d'une si belle entreprise. »

Le jeune enthousiaste ne pensait guère qu'un jour il serait appelé à réaliser le vœu de Carrache.

L'un des premiers ouvrages du Bernini fut le portrait en marbre du prélat Montajo, d'une telle ressemblance, qu'en le voyant quelqu'un dit : « C'est Montajo pétri. »

Il fit ensuite les bustes du pape, de quelques cardinaux, et plusieurs figures de grandeur naturelle ; un *S. Laurent* ; le *David s'apprêtant à lancer une pierre* ; son groupe d'*Enée et Anchise*.

Les succès de Bernini dans la statuaire allaient toujours croissant. Grégoire XV, qui avait succédé à Paul V, reconnut également son mérite, en le créant chevalier ; mais le cardinal Maffeo Barberini devait mettre le comble à sa fortune, et à peine fut-il parvenu au siége pontifical, qu'il fit appeler son protégé.

« Si le Bernin, lui dit-il, s'estime heureux de me voir son souverain, je me glorifie bien plus de ce qu'il existe lui-même sous mon pontificat. »

Dès lors, il le chargea de faire des projets pour l'embellissement de la basilique de St-Pierre, et lui assura une pension de trois cents écus par mois. Sans abandonner la statuaire, le génie de Bernini se tourna vers l'architecture, et se rappelant le vœu exprimé par le Carrache, il conçut le projet du baldaquin de la Chaire de saint Pierre, et de la place circulaire qui devait précéder le temple. Il commença par le baldaquin, espèce de dais supporté par quatre colonnes torses, en bronze de Corinthe, qui couronne l'autel papal et qui a pris le nom de Confession de saint Pierre. Au-dessous est le tombeau de saint Pierre et de saint Paul, devant lequel brûlent nuit et jour cent vingt-deux lampes, triple symbole de la vénération, de l'amour et de la foi. On y descend par deux escaliers circulaires en marbre blanc, du plus beau grain. En approchant de cette confession à jamais vénérable, je ne sais quelle vertu secrète vous saisit et vous subjugue. Ce respect, excité par le sentiment de la foi, se voit du reste favorisé par les proportions majestueuses que le Bernin a su donner à ce monument. Aux angles de l'entablement brillent quatre anges debout, tournés aux quatre points du ciel ; de leurs pieds partent quatre consoles renversées, qui, à leur point de jonction, supportent un globe doré surmonté d'une croix. Tout cela paraît d'une moyenne élévation, et le plus haut palais de Rome, le palais Farnelli, n'atteint point la hauteur de ce magnifique monument. Du sol occupé par la statue de Pie VI, à la cîme de la croix, il mesure plus de quatre-vingt-six pieds.

Nous ne parlerons pas de la fontaine de la *Barcaccia*, dont l'idée bizarre est plus louée qu'elle ne le mérite; celle de la place Barberine est mieux composée. Ne pouvant entrer dans le détail des nombreux ouvrages que le Bernin exécuta à cette époque, citons-en quelques-uns. Le palais Barberini qui occupe en partie l'emplacement du cirque de Flore, fameux par l'abomination des fêtes qu'on y célébrait la nuit, aux flambeaux. Au milieu s'élève une belle fontaine, formée par quatre dauphins qui soutiennent une grande coquille ouverte d'où sort un triton qui jette de l'eau à une grande hauteur. Au bas du grand escalier, l'attention se fixe sur un très-beau lion antique enchassé dans le mur du second palais. Tous les appartements sont d'une belle architecture et sont décorés de tableaux des grands maîtres; le modèle du tombeau de la comtesse Mathilde, qui fut travaillé par ses élèves, et enfin celui de son bienfaiteur, le pape Urbain VIII. Le rapport n'y est pas parfaitement établi entre l'action de la statue du pape et celle des figures qui l'environnent. Néanmoins, l'idée est grande, les poses bien imaginées, l'exécution soignée, et l'artiste a su ménager avec adresse le marbre, le bronze et la dorure.

La réputation du Bernin s'étendait de plus en plus, et Charles Ier, roi d'Angleterre, voulut avoir sa statue de la main de l'artiste italien. Il lui envoya trois portraits, dans lesquels Van-Dyck l'avait représenté sous différents aspects; par ce moyen ingénieux, la figure fut très ressemblante : en la recevant, le roi tira de son doigt un diamant qui valait six mille écus, le remit à l'envoyé de Bernin :

« Ornez-en, dit-il, cette main qui exécute de si belles choses. »

A la même époque, un Anglais fit le voyage d'Italie pour avoir sa statue de la main de cet artiste, et il la paya, comme le roi Charles, six mille écus. En 1644, le cardinal Mazarin, qui avait connu le Bernin à Rome, essaya vainement de l'attirer en France, et lui offrit de la part de Louis XIV, douze mille écus d'appointement. Aussitôt que son protecteur, Urbain VIII, eut fermé les yeux, et qu'Innocent X lui eut succédé, l'envie que l'artiste en faveur avait jusque-là comprimée se déchaîna contre lui, et le campanile qu'il avait construit à l'angle de la façade de St-Pierre sur de mauvaises fondations menaçant ruine, on ne manqua pas de publier que le poids de cette construction allait entraîner dans sa chute le portique entier, et peut-être même le dôme, qui s'était lézardé depuis que le Bernin avait creusé des niches dans les piliers.

Quoique ces craintes fussent exagérées, elles nécessitèrent la démolition du campanile, et les ennemis du Bernin triomphèrent. Le pape, indisposé contre cet artiste, le priva d'une partie de ses travaux et laissa languir les autres.

Cependant le Bernin, restreint à des ouvrages particuliers, exécuta pour l'église de Ste-Marie-de-la-Victoire ce fameux groupe de *Sainte Thérèse avec l'Ange*, où l'expression extatique de l'amour divin est rendue de la manière la plus frappante. Bien qu'Innocent X eût pris la résolution de ne plus employer le Bernin dans les ouvrages qu'il faisait exécuter, telle est la puissance et l'empire irrésistible du génie, qu'il finit tôt ou tard par triompher des répugnances et des préventions des hommes puissants, surtout lorsqu'ils ont un grand fonds de lumière et de bonne foi. Innocent X avait ces belles qualités. Voici à quel propos il rendit ses bonnes grâces à l'habile artiste.

Il avait l'intention de décorer la place Navone d'une fontaine surmontée d'un obélisque qui était enseveli sous les ruines du cirque de Caracalla. Tous les artistes, à l'exception du Bernin, furent invités à présenter des projets; mais Ludovici, neveu du pape, qui avait toujours affectionné le Bernin, lui dit de composer secrètement son modèle. Quand il l'eut fait, le prince Ludovici le mit par surprise sous les yeux du pontife.

Ce projet magnifique, et qui écrasait ceux des rivaux de Bernini, fut admiré par le pape, qui convint de ses torts envers cet homme supérieur, et qui fit construire la fontaine d'après ses dessins. Le pontife, étant venu voir ce monument avant qu'il fût découvert, demanda à l'architecte si les eaux y arriveraient bientôt; l'adroit artiste répondit qu'il ferait en sorte que l'époque n'en fût pas éloignée. Le pape, après lui avoir donné sa bénédiction, sortait de l'enceinte, lorsqu'un bruit soudain, produit par la chute des eaux, le fit revenir sur ses pas; enchanté de la beauté de ce spectacle, il dit à l'artiste :

« Par cette jouissance imprévue, vous prolongez ma vie de dix ans. »

Cette fontaine, située au milieu de la place Navone, représente dans son ensemble les quatre grands fleuves des quatre parties du monde : le Danube, le Gange, le Nil et la Plata. Ces statues colossales sont assises aux quatre coins d'un rocher brut, dont le sommet est couronné par un obélisque. Le rocher, percé des quatre côtés jette quatre ruisseaux et présente une vue de caverne. Du milieu sortent un lion et un cheval qui viennent s'abreuver. L'obélisque auquel le rocher sert de piédestal est un monolithe égyptien trouvé dans le cirque de Romulus.

Alexandre VII, successeur d'Innocent X, montra autant de goût pour les arts que de bienveillance pour le Bernin, et lui demanda un projet pour la décoration de la place St-Pierre. Ce fut alors que s'éleva cette célèbre colonnade circulaire qui est dans une proportion si juste, et se raccorde si bien avec l'immense basilique, qu'elle semble être le résultat d'une même pensée.

Rien de si magnifique, comme pure décoration, ne s'est fait depuis les anciens. En sortant de l'église, on voit à droite et à gauche deux galeries ornées de pilastres qui s'accordent avec le petit ordre des portes du temple ; puis on arrive dans une place entourée de deux galeries demi-circulaires à jour, formées chacune de quatre rangs de colonnes, d'où résultent trois allées : celle du milieu est assez large pour que deux voitures y puissent circuler de front. Ces colonnes sont d'ordre dorique. Au milieu de la place, qui est de forme ovale, s'élève un obélisque égyptien [1] entre deux fontaines dont les eaux s'élancent en gerbes argentées et retombent en cascades bruyantes dans des bassins de bronze.

La décoration de cette place magnifique est sans contredit le chef-d'œuvre du Bernin. La colonnade coûta, dit-on, quatre millions cinq cent mille francs. L'artiste n'a pas aussi bien réussi dans la composition de la Chaire de saint Pierre. Le premier modèle de cette grande machine ayant paru trop mesquin, Bernini eut le courage de recommencer; mais en dépit de ses efforts, cette composition est d'un genre beaucoup trop maniéré.

« On appelle Chaire de saint Pierre le véritable siége de bois du prince des apôtres. Pour honorer cette précieuse relique, Bernini a déployé tout le luxe de son talent; il l'a ornée des statues des quatre docteurs de l'Eglise latine et de l'Eglise grecque; du sein des

[1] Voyez l'article *Fontana*.

nuages, d'où rayonne une gloire, se détache un Saint-Esprit, sous la forme d'une colombe entourée de séraphins. Le défaut de cet artiste, particulièrement dans cet ouvrage, est le manque de naturel. Sans naturel point de vérité, partant point de grâces dans l'expression [1]. »

Vers 1664, Louis XIV et ses ministres résolurent de terminer le Louvre sur un plan qui fût digne de la partie magnifique que François Ier avait fait élever sur les dessins de Pierre Lescot.

« Dans ce temps, il y avait à Paris, dit Perrault, un certain abbé Benedetti, qui avait fait connaissance avec M. Colbert. Cet abbé, ami du cavalier Bernini, prôna tellement son mérite, et le mit si fort au-dessus de tous les architectes d'Italie, que M. Colbert prit la résolution de le faire venir en France. Le roi lui-même lui écrivit à ce sujet. Voici sa lettre :

» Seigneur cavalier Bernini,

» Je fais une estime si particulière de votre mérite que j'ai un grand désir de voir et de connaître une personne aussi illustre, pourvu que ce que je souhaite se puisse accorder avec le service que vous devez à N. S.

[1] *Souvenirs de voyage*, t. II, lettre X.

Père le Pape, et avec votre commodité particulière. Je vous envoie, en conséquence, ce courrier exprès, par lequel je vous prie de me donner cette satisfaction, et de vouloir entreprendre le voyage de France, prenant l'occasion favorable qui se présente du retour de mon cousin le duc de Créqui....

» Je prie Dieu qu'il vous tienne en sa sainte garde, seigneur cavalier Bernini.

Signé : Louis. »

Paris, 11 avril 1665.

» C'est une chose qui n'est pas croyable, continue Perrault, que les honneurs que l'on fit au cavalier Bernini. Quand M. de Créqui alla prendre congé du Pape, *colla solita pompa,* il alla ensuite chez le cavalier Bernin, *colla medesima,* le prier de venir en France.

» Dans toutes les villes par où il passa, les officiers eurent ordre, de la part du roi, de le complimenter et de lui porter les présents de la ville. Lyon même, qui ne rendait cet honneur qu'aux princes du sang, s'en acquitta comme les autres. Quand il approcha de Paris, on envoya à sa rencontre, De Chatelou, maître d'hôtel du roi, qui devait le recevoir, lui tenir compagnie et le mener partout. Chantelou a laissé un journal du voyage et du séjour de Bernini en France. Le grand artiste fut installé dans un hôtel qu'on lui avait préparé et où Colbert vint lui rendre visite de la part du roi qui l'attendait à St-Germain; il y fut reçu honorablement, causa longtemps avec le roi, et fut ensuite admis, ainsi que son fils, à la table des ministres. Le Bernin s'occupa d'abord des projets de restauration du Louvre; mais il ne vit pas, comme on l'a prétendu, la célèbre colonnade de Perrault, dont les dessins ne furent présentés au roi qu'après le départ de l'artiste italien, et qui ne fut terminée que cinq ans après. »

Pendant les cinq mois que le Bernin resta à Paris, on jeta, d'après ses dessins, les fondements de la colonnade du Louvre, qu'il avait projeté de réunir aux Tuileries par une galerie parallèle à l'ancienne; mais comme son plan de distribution de ce palais ne tendait à rien moins qu'à détruire tout ce qui existait déjà, on n'eut pas de peine à y renoncer pour adopter celui de Perrault.

Le Bernin fit aussi le buste de Louis XIV, qui lui donnait de fréquentes séances et se plaisait à le faire causer.

Un jour, Sa Majesté posa pendant une heure entière; l'artiste, fier d'une si grande faveur, s'écria, en jetant ses outils :

« Miracle! un grand roi, jeune et français, a pu rester une heure tranquille. »

Une autre fois, ayant écarté de dessus le front du royal modèle une boucle de cheveux qui le recouvrait :

« Votre Majesté, dit-il, peut bien montrer son front à toute la terre. »

La cour ne tarda pas à imiter cet ajustement de cheveux qu'on appela la coiffure à la Bernin.

Néanmoins cet artiste éprouva quelques dégoûts qui lui firent désirer de retourner à Rome.

« La veille de son départ, dit Perrault, je lui portai moi-même, et dans mes bras, pour lui faire plus d'honneur, trois mille louis d'or en trois sacs, avec un brevet de douze mille livres de pension par an, et un de douze cents livres pour son fils.... On lui promit trois mille louis d'or par an s'il voulait rester, six mille livres pour son fils, et autant pour le seigneur Mathias, son élève; neuf cents livres au seigneur Jules; six cents livres au sieur Cosme, camérier, et trois cents livres à chacun de ses estafiers. »

Le retour du Bernin se fit également aux frais du

roi, qui, voulant immortaliser ce voyage, fit frapper une médaille avec le portrait de l'artiste; au revers les muses de l'art et cet exergue : *Singularis in singulis, in omnibus unicus.*

Le Bernin s'était engagé à faire la figure équestre de Louis XIV, en marbre et d'une proportion colossale; il la termina en quatre ans; mais soit qu'on ne trouvât pas la tête ressemblante, soit qu'on ne fût pas content du motif de la figure, l'on en a fait depuis un Curtius qui se voit encore à l'extrémité de la pièce d'eau des Suisses, à Versailles.

A son retour à Rome, le Bernin fut reçu avec de grandes démonstrations de joie : le pape nomma son fils chanoine de Ste-Marie-Majeure et le pourvut de plusieurs bénéfices. Le cardinal Rospigliosi, que le Bernin avait beaucoup connu, étant devenu pape sous le nom de Clément IX, l'artiste fut admis dans sa familiarité, et chargé de divers ouvrages, entre autres de l'embellissement du pont St-Ange. Toujours infatigable, il exécuta, à l'âge de soixante-dix ans, un de ses plus beaux ouvrages, le tombeau d'Alexandre VII. Arrivé à l'âge de quatre-vingts ans, et avant de poser le ciseau, le Bernin sculpta pour la reine Christine une demi-figure en bas-relief représentant le Sauveur du monde. S'étant ensuite occupé de quelques ouvrages d'architecture, et entre autres de la réparation du vieux palais de la chancellerie, qui tombait en ruines, il se livra, malgré son grand âge, avec tant d'ardeur à ces travaux pénibles, qu'il en perdit le sommeil, les forces; et bientôt une attaque d'apoplexie, précédée d'une fièvre lente, l'enleva aux arts et à ses admirateurs, le 28 novembre 1680. Il avait quatre-vingt-deux ans. Il légua au pape un grand tableau de sa main, représentant un *Christ*, et à la reine de Suède la *figure du Sauveur*, son dernier ouvrage de sculpture, que cette princesse avait d'abord refusé, ne croyant pouvoir assez la payer. Il laissa à ses enfants une fortune qui s'élevait à trois millions trois cent mille francs. Il fut enterré avec la plus grande pompe à Ste-Marie-Majeure.

Le Bernin était d'une taille ordinaire, très-brun; son visage avait quelque chose de l'aigle : son regard, ordinairement vif et spirituel, devenait terrible lorsqu'il était animé par la colère. D'un tempérament tout de feu, il ne pouvait cependant souffrir les rayons du soleil sans en être incommodé. Sa santé fut faible jusqu'à l'âge de quarante ans; depuis elle devint parfaite. Il supporta les plus grandes fatigues de corps et d'esprit et n'eut aucune infirmité jusqu'à la fin de sa vie. Il était sobre et sévère dans ses mœurs ; il parlait avec discrétion des ouvrages d'autrui, et des siens avec modestie. Il savait tirer un parti ingénieux des moindres choses. N'ayant à sa disposition qu'un filet d'eau pour une fontaine, il figura une femme qui, après s'être baigné la tête, exprimait l'eau de ses cheveux.

La reine de France donnait beaucoup de louanges au portrait de son auguste époux : « Votre Majesté ne loue tant la copie, dit le Bernin, que parce qu'elle aime l'original. »

Cet artiste pensait que pour marquer dans les arts il fallait se mettre au-dessus des règles et se créer un genre original ; c'est ce qu'il fit avec un rare bonheur, mais avec un succès passager. L'aveu du Bernin, lorsque vers la fin de sa carrière il revit ses premiers ouvrages, est le cri de la vérité et de l'amour-propre désabusé ; il reconnut alors qu'en s'écartant des vrais principes, il était tombé dans le maniéré ; qu'il avait pris la facilité d'exécution pour l'inspiration du génie ; qu'en voulant exagérer la grâce, il avait rencontré l'afféterie et avait étouffé la beauté sous le luxe des vains ornements. Mais si le Bernin pèche du côté de la pureté du goût, il sera toujours recommandable par l'élévation des idées, et l'on reconnaîtra qu'il ne s'est égaré que pour avoir voulu étendre ou plutôt dépasser les limites de l'art.

Cet homme célèbre, qui remplit le XVIIe siècle de sa renommée et Rome de ses ouvrages, reçut de ses contemporains le titre de *Michel-Ange moderne*, parce qu'il réunissait à un degré supérieur les trois parties de l'art. Peintre, statuaire, architecte, c'est surtout en cette dernière qualité qu'il mérita sa réputation.

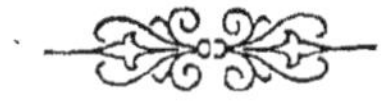

Perrault (Claude) (ARCHITECTE).

1613. — 1688.

PERRAULT (Claude), naquit à Paris en 1613. Son père, avocat au parlement, lui fit étudier la médecine, l'anatomie et les mathématiques ; et il obtint même le titre de docteur de la faculté de Paris.

Colbert le chargea de traduire Vitruve ; les études qu'il fut obligé de faire pour entendre cet écrivain, lui inspirèrent le goût le plus vif pour l'architecture et dévoilèrent les rares dispositions qu'il avait pour cet art.

L'Académie des sciences ayant été établie en 1666 par les soins de Colbert, Perrault, nouvellement admis dans cette compagnie, devait fournir les dessins et les plans des bâtiments de l'Observatoire. Son début laissa à désirer : ce monument d'un style lourd, et qui ne remplit que très-imparfaitement son but, ne pouvait faire pressentir les talents que Perrault déploya par la suite; cet édifice a toutefois un caractère qui lui est propre, et que n'offrait aucun des monuments de ce genre.

A cette époque, on travaillait depuis quelque temps au palais du Louvre; et déjà une partie de façade avait été élevée sur les dessins de Levau. Colbert, parvenu au ministère, ne les trouva pas dignes de la grandeur du monarque, et fit un appel au génie de tous les artistes.

Perrault envoya un dessin tellement supérieur à ceux de ses concurrents, qu'il obtint la préférence sans aucune contestation.

Le mérite de Perrault une fois reconnu et ses plans adoptés, l'envie qu'il excitait s'éveilla; et comme on ne pouvait contester la supériorité de ses plans, on imagina d'élever des doutes sur la possibilité de leur exécution.

Pour écouter toutes les objections, il fut résolu de construire un modèle en petit du péristyle, avec autant de pierres de taille qu'il devait en entrer dans l'ouvrage en grand, et de le retenir avec des barres de fer proportionnées à la grandeur qu'elles auraient dans l'édifice.

L'exécution de ce modèle fit disparaître jusqu'à l'apparence même des difficultés. On convint unanimement que le fer, servant à retenir la poussée des architraves extrêmement hardies, procurait aux constructions une solidité bien plus grande que lorsqu'il était employé comme soutien.

Tels furent les préliminaires de l'érection de ce monument, que l'on peut regarder comme le chef-d'œuvre de l'architecture française.

La colonnade surtout offre une innovation dont aucun monument antique connu jusqu'alors ne présentait le modèle : ce sont des colonnes d'ordre corinthien accomplies. On trouva plus tard dans les ruines de Palmyre, une colonnade du même genre; et quelques personnes ont pensé que Perrault pouvait avoir été conduit à cette idée par certains passages du texte de Vitruve.

Mais la colonnade n'était pas ce qui présentait le plus de difficultés, rien de ce côté ne mettait d'entrave aux conceptions de l'artiste. C'était la cour intérieure du Louvre qu'il était difficile de disposer d'une manière régulière.

La face appelée de l'Horloge, commencée sous Henri II et terminée sous Louis XIII, présentait sous beaucoup de rapports une décoration digne des talents réunis de Jean Goujou et de Philibert Delorme. Les ornements qu'y avait ajoutés Lemercier, s'ils n'avaient point contribué à son embellissement, ne laissaient pas d'imposer par leur effet. Une partie de la face du midi avait été continuée d'après le même plan. Perrault imagina, pour la régularité de l'ensemble, de remplacer l'attique, qui couronnait les côtés achevés, par un troisième ordre de son invention, qui n'est pas sans élégance, mais auquel la nécessité de s'assujétir à la hauteur de l'attique ne lui a pas permis de donner un plus beau développement.

Une partie du plan de Perrault a subi quelques modifications sous le gouvernement impérial. La destination des appartements ayant été changée, les niches de la colonnade ont été remplacées par des fenêtres; et l'on a pratiqué au-dessus de la porte de l'entrée un passage qui permet de parcourir le péristyle de plain-pied. Les magnifiques escaliers que l'on a construits aux deux extrémités de la colonnade, sont de Fontaine.

Des modifications ont eu lieu également dans l'intérieur de la cour. La seule façade de Philibert Delorme a été conservée; et les trois autres ont été achevées conformément aux plans de Perrault.

C'est depuis ce moment que l'on a pu juger du mérite que présentent ces plans; et s'ils ne sont pas sans défaut, on ne peut s'empêcher d'y reconnaître un génie né pour les grandes choses, et digne d'être placé parmi les artistes qui ont fait le plus d'honneur à la France et aux arts.

Après la conquête de la Flandre et de la Franche-Comté, Colbert proposa de construire un arc de triomphe à la gloire du roi. Lebrun, Levau et Perrault firent les dessins de ce monument : ceux du dernier obtinrent la préférence. Il fut élevé à l'extrémité de la grande rue St-Antoine. La première pierre en fut posée le 6 août 1670, mais on ne poussa les constructions en pierres que jusqu'au soubassement des colonnes; le reste fut construit en plâtre.

Ces travaux furent exécutés aux frais de la ville de Paris, ils n'étaient que provisoires; et l'on devait donner au monument plus de solidité. L'intention du ministre était, en outre, d'ouvrir en face du Louvre, une rue qui devait aboutir à cet arc, et dont le projet a été renouvelé de nos jours.

La construction des châteaux de Versailles, de Trianon et de Marly détourna le roi de continuer ce monument; les désastres de la fin de son règne ne permirent pas même d'y songer; il resta donc inachevé, et un an après la mort du monarque, le régent le fit entièrement démolir. Lorsqu'on voulut abattre la partie construite en maçonnerie, il fallut tout briser.

Perrault, dans cette bâtisse, avait employé le procédé des anciens, en frottant les lits de pierre les uns contre les autres avec du grès et de l'eau, pour les lier sans le secours du mortier. On voit, dans la traduction de Vitruve, une machine qu'il inventa pour frotter les pierres les unes contre les autres, quoiqu'elles eussent douze pieds de long. L'arc de triomphe avait 150 pieds de haut, y compris le couronnement, sur 146 de face; ces dimensions surpassent de beaucoup celles des arcs de Constantin et de Septime Sévère, dont les restes subsistent encore à Rome.

Ses faces étaient ouvertes par trois portes décorées de dix colonnes corinthiennes; les piédestaux avaient le tiers de la hauteur des colonnes, et l'entablement le quart; la principale arcade avait cinquante pieds de hauteur jusqu'à la voûte, sa largeur était de vingt-cinq pieds. Les portes latérales, cintrées et renfermées dans les niches carrées, avaient quinze pieds d'élévation. Entre les colonnes, on voyait des médaillons qui retraçaient les principales actions de Louis XIV; des trophées d'armes accompagnés d'esclaves enchaînés étaient posés sur l'entablement. Le milieu disposé en plate forme, offrait un piédestal sur lequel devait s'élever la statue équestre du roi.

Il est fâcheux que ce monument, qui surpassait en grandeur et en magnificence tous ceux du même genre que l'on connait, ait été détruit ; mais du moins la superbe estampe que Leclerc a gravée peut servir à en faire connaître toutes les beautés.

Outre ces ouvrages qui ont assuré sa gloire, Perrault en a laissé quelques autres qui auraient suffi à la réputation d'artistes habiles, tels que la chapelle du château de Sceaux, celle de Notre-Dame de Navonne, dans l'église des Petits-Pères, près de la place des Victoires ; l'allée d'eau à Versailles, et la plupart des dessins des vases, soit de bronze, soit de marbre, qui ornent les jardins de ce palais.

Il avait un talent supérieur pour l'architecture ; on en voit la preuve dans les planches dont il a enrichi sa traduction de Vitruve ; elles passent pour des chefs-d'œuvre. La première édition de cette traduction parut en 1673, et la seconde en 1684, en un volume in-folio.

On lui doit encore l'ordonnance des cinq espèces de colonnes, selon la méthode des anciens, un volume in-folio. Il offre une méthode pour mesurer les proportions de chaque ordre, sans employer les fractions de module, ce qui facilite beaucoup l'étude des principes de l'architecture. Cet ouvrage est une espèce de supplément à ce qui n'a pas été expliqué dans Vitruve. Dans la traduction de ce dernier auteur, on peut lui reprocher les changements qu'il a faits aux ordres des anciens. Quoique en petit nombre, ils en ont altéré la beauté, et n'ont pas trouvé d'imitateurs.

Ces changements ont d'autant plus lieu d'étonner que Perrault avait le véritable génie de l'architecture; et l'on ne peut guère les attribuer qu'a l'esprit de paradoxe qui paraît avoir été l'un des caractères distinctifs de sa famille.

C'est à cet esprit qu'il faut attribuer également l'opinion qu'il a émise, dans la préface de son ouvrage, que c'est au choix de la matière et à la justesse de l'exécution, et non point à la régularité des proportions, qu'est due la beauté des monuments de l'antiquité. Quoi qu'il en soit, sa traduction de Vitruve n'est pas moins un service essentiel; les efforts qu'il a faits pour exprimer le sens d'un des auteurs anciens les plus maltraités par les copistes et les commentateurs ignorants, sont presque toujours heureux, et les notes savantes dont il a accompagné le texte, prouvent jusqu'où s'étendaient son goût et son érudition.

Avant de s'adonner entièrement à l'architecture, Perrault avait cultivé la médecine avec succès.

Boileau, que choquait l'esprit paradoxal de Charles Perrault, frère de notre artiste, le confondit avec lui dans son courroux satirique, et consacra, dans son *Art poétique*, la métamorphose du docteur par les vers suivants :

> Notre assassin renonce à son art inhumain ;
> Et désormais la règle et l'équerre à la main,
> Laissant de Galien la science suspecte,
> De mauvais médecin devient bon achitecte.

Cet artiste plein de génie mourut à Paris, le 9 octobre 1688. On attribue sa mort à la dissection qu'il fit au jardin du roi, d'un chameau qui avait péri d'une maladie contagieuse.

La faculté de médecine fit placer son portrait parmi ceux de ses membres les plus célèbres.

Coysevox (SCULPTEUR).

1640. — 1720.

COYSEVOX (Antoine), sculpteur, originaire d'Espagne, naquit à Lyon en 1640. Avant l'âge de dix-sept ans, il s'était fait connaître dans cette ville par une statue de la Vierge ; il vint alors à Paris, travailla sous Lerambert et sous d'autres maîtres, fit de rapides progrès, et il avait à peine vingt-sept ans, quand il fut choisi par le cardinal de Furstenberg pour aller en Alsace décorer son palais de Saverne. Ce travail l'occupa quatre ans, au bout desquels il revint à Paris.

Après avoir fait la statue pédestre de Louis XIV, que l'on voyait avant la révolution, dans la cour de l'hôtel de ville de Paris, et les beaux bas-reliefs dont est enrichi le piédestal, il fut chargé par les états de Bretagne d'exécuter la statue équestre du même roi, ouvrage en bronze de quinze pieds de haut. Pour donner à cet ouvrage la perfection dont il avait le sentiment, il se fit amener seize ou dix-sept des

12

plus beaux chevaux des écuries du roi, choisit entre ces animaux les plus belles formes qui distinguaient chacun d'eux, et les étudia longtemps dans leurs mouvements.

C'est à l'opiniâtreté de semblables études que sont dues les plus belles productions de Coysevox, et entre autres, les deux chevaux aîlés, destinés d'abord pour les jardins de Marly, et placés ensuite aux Tuileries : l'un porte Hercule, et l'autre la Renommée, figure remarquable par son extrême légèreté. Ils ne sont pas tout-à-fait exempts de manière, mais on voit que cette manière est fondée sur la science, et que ne pardonne-t-on pas d'ailleurs au feu dont ils sont animés?

Paris renferme des monuments plus austères, ouvrages de la même main : le tombeau du cardinal Mazarin, autrefois aux Quatre-Nations, maintenant au musée des monuments français, ainsi qu'un grand nombre de bustes, plusieurs statues et modèles en bronze, le monument de Charles Lebrun qui ornait l'église de St-Nicolas-du-Chardonneret, et surtout le tombeau de Colbert, qui fit longtemps le plus bel ornement de St-Eustache, et qui est mis au nombre de ses chefs-d'œuvre.

Il a fait, à Marly, les groupes placés aux deux extrémités de la rivière; on y distingue le Neptune et l'Amphitrite; à Versailles, deux fleuves en bronze, la Dordogne et la Garonne, l'Abondance, un esclave attaché à des trophées; sept bas-reliefs dans la colonnade, un grand vase entouré de bas-reliefs relatifs à l'histoire de Louis XIV, etc.; à Sceaux, une figure de fleuve placée dans une niche rocaillée; à Chantilly, la statue en marbre du grand Condé. La plupart de ces monuments ont été détruits ou dégradés par le vandalisme révolutionnaire; mais ceux que l'ignorance et la barbarie ont épargnés suffisent pour assurer à Coysevox une gloire durable.

Les travaux considérables dont il fut chargé ne l'empêchèrent pas de faire un grand nombre de portraits; on peut juger de leur mérite par ceux de Lenôtre, de Colbert et de Lebrun. Ce sont ces portraits qui lui ont mérité le surnom de Vandick de la sculpture.

Les portraits de Louis XV en buste et en médaillon, et la figure en marbre de Louis XIV, qui était autrefois placée dans le chœur de Notre-Dame, sont des ouvrages de sa vieillesse.

Il mourut à Paris, le 10 octobre 1720, après

avoir été membre de l'Académie pendant quarante-quatre ans, professeur, et quelque temps chancelier. Son éloge a été publié à Paris, en 1721. Son buste, sculté par Lemoyne, est au musée des monuments français.

Pierre Puget (ARCHITECTE ET SCULPTEUR).

1622 — 1694.

Le voyageur qui visite, sur ses beaux rivages, l'antique et noble capitale de la Provence, s'arrête avec plaisir rue de Rome devant une colonne placée sur une fontaine, surmontée d'un buste portant cette inscription :

A PIERRE PUGET, SCULPTEUR, PEINTRE ET ARCHITECTE,
MARSEILLE, SA PATRIE, QU'IL EMBELLIT ET HONORA.

Ce simple monument élevé devant la maison qu'habita ce grand homme semble cependant peu digne de sa gloire. La cité marseillaise, son pays natal, qu'il aima avec tant de prédilection, ne devait-elle pas ériger sur une de ses places la statue du *Michel-Ange français*, l'un de ses plus illustres enfants ?

Marseille fut en effet le berceau de Pierre Puget ; il naquit dans cette ville le 31 octobre 1622, d'une famille qui avait joué un grand rôle à la cour des comtes de Provence de la première branche d'Anjou. L'un de ses membres, Jean Puget, fut quatre fois premier consul d'Aix, au XVIe siècle. Simon, arrière petit-fils de Jean et père de notre célèbre sculpteur, était architecte. Il mourut ne laissant à son fils qu'un faible patrimoine. Pierre annonça dès son enfance ce qu'il devait être un jour. Mais son éducation fut extrêmement négligée. Appliqué de bonne heure aux beaux-arts, il les étudia mal. La France n'offrait point encore les établissements utiles créés par Louis XIV pour en aplanir la route au génie ; et l'Italie, lorsque le jeune Puget y alla chercher des maîtres, était tombée dans une décadence funeste. L'artiste marseillais eut à lutter contre les obstacles de toute sorte qui contrarièrent sa vocation, et parmi lesquels il faut compter en première ligne la misère : il en triompha par une noble et courageuse persistance digne de servir d'exemple à ceux qui suivent la même carrière. Trompé dans la peinture, dit un biographe, par un maître dont il dut, dans la suite, abjurer les leçons ; sans guide dans l'architecture non plus que dans l'art statuaire ; dominé par une âme sensible et ardente, par un caractère brusque et impétueux, il se montre pathétique, gracieux, grand, énergique, sublime, mais irrégulier par la force de cette impulsion intérieure qu'on ne lui apprit point à modérer. Ce naturel l'avait fait artiste, et il fut artiste, comme le voulait la seule nature [1].

[1] Emérie David.

A seize ans, Puget, chargé de diriger les travaux d'une galère, produisit un chef-d'œuvre de construction navale. S'il eût voulu marcher dans la route que lui ouvrait un si brillant début, il y aurait trouvé bientôt une honorable aisance. Mais Puget brûlait du désir de voir l'Italie et d'y poursuivre ses études de peinture. A dix-sept ans, il partit pour cette contrée, il voyageait à pied. Arrêté à Florence par le manque absolu d'argent, il avait déjà mis ses hardes en gage, lorsqu'il parvint à entrer dans l'atelier d'un sculpteur en bois, chargé de divers travaux pour le Grand-Duc... Là, plus d'une humiliation devint le partage de Puget : mais le dédain de son maître fit bientôt place à l'admiration. Ravi de l'habileté de ce jeune homme, il conçut pour lui une si grande estime, qu'il le logea dans sa maison, l'admit à sa table, et le traita comme son fils. Au bout d'un an Puget repart pour Rome ; il voulait alors être peintre et apprendre son art. Puissamment recommandé par son maître florentin, il fut enfin accueilli dans l'atelier de Pierre de Cortone.

Ce grand artiste employa son jeune élève dans ses travaux... Appelé à Florence pour peindre des plafonds dans le palais Pitti, il emmena Puget avec lui. Son attachement pour lui croissait de jour en jour. Cependant le besoin de revoir ses parents et son pays commençait à se faire sentir dans l'âme du jeune marseillais. L'amour pour sa patrie, qui fut toujours une sorte de passion chez Puget, le fit résister aux instances et aux offres brillantes de Pierre de Cortone pour le retenir. Dès 1643, Puget était de retour à Marseille. Sa première production fut un portrait de sa mère, où l'on retrouve trait pour trait sa propre image. A peine arrivé dans sa ville natale, Puget fut appelé à Toulon par le duc de Brezé, amiral de France, qui le chargea de dessiner et de faire construire un vaisseau de guerre, supérieur en magnificence à tout ce qu'on avait vu de plus beau en ce genre. Puget, âgé de vingt et un ans inventa alors des poupes colossales armées d'un double rang de galeries saillantes et de figures en bas-relief et en ronde bosse qu'on imita promptement dans les divers ports, et qui ont fait longtemps l'ornement des vaisseaux de toute l'Europe. Ce bâtiment, décoré d'allégories en l'honneur d'Anne d'Autriche, régente du royaume, fut nommé la *Reine*, et terminé en 1646. Il accrut singulièrement la renommée du jeune artiste de Marseille.

Mais la réputation de Puget ne devait point s'arrêter aux constructions navales. Un religieux qui, étant chargé par Anne d'Autriche d'aller faire exécuter à Rome une suite de dessins d'après les monuments antiques les plus célèbres, le prit avec lui pour l'aider dans ce travail. Puget, dès son arrivée à Rome, s'y livra avec passion à l'étude de l'antiquité : aspirant à la triple gloire de Michel-Ange, dont la vigueur de son génie le rapprochait, il voulut, comme lui, mener de front l'architecture, la peinture et la sculpture. Toutefois l'architecture avait dès lors sa prédilection. On ne lui connaît point de maître dans cet art non plus que dans la sculpture ; son génie lui en tient lieu. Puget dans sa pensée devait être principalement architecte ; la peinture devait remplir ses moments de loisir ; la sculpture était ce qui appelait le moins son attention. La Providence disposa autrement de sa destinée.

Revenu à Marseille en 1653, Puget fut occupé à peindre un grand nombre de tableaux d'église. Outre sa ville natale, les villes d'Aix, de Toulon, de Cuers, de la Ciotat s'embellirent de ses productions. On remarque parmi ses ouvrages de cette époque *l'Annonciation* et la *Visitation*, de la ville d'Aix, *le Sauveur du monde*, et les petits tableaux représentant *le Baptême de Constantin* et celui de *Clovis*, aujourd'hui au musée de Marseille. Vers la fin de 1655, Puget atteint d'une maladie grave, fut contraint de quitter la peinture, que les médecins jugeaient contraire à sa santé. Il se voua dès lors tout entier à la sculpture en marbre. La porte et le balcon de l'hôtel-de-ville de Toulon, furent son premier ouvrage ; cet édifice est entièrement son œuvre : il en a été l'architecte et le sculpteur. Le Bernin, lorsqu'il vint en France, s'écria, dit-on, à la vue de ce monument : « Je m'étonne d'avoir été appelé, puisque le roi possède un si habile artiste. » Mais le roi ne possédait pas notre illustre Puget. Cette expression applicable à d'autres habiles et ingénieux talents du grand siècle, convenait-elle à l'artiste fier et indépendant qui, lorsque Louvois lui marchandait un de ses ouvrages pour Versailles en lui disant « Le roi ne paie pas davantage un général d'armée, » répondait au ministre : « J'en conviens, mais le roi peut facilement trouver des généraux parmi le grand nombre d'excellents officiers qu'il a dans ses troupes, et il sait bien qu'il n'y a pas en France plusieurs Puget ! » Louis XIV, du reste, appréciait le caractère et le mérite de Puget beaucoup mieux que Louvois. Lorsque François, fils du grand artiste et architecte comme lui, vint de sa part présenter au monarque le groupe d'*Andromède*, Louis XIV lui dit ces nobles paroles : « Vote père est grand et illustre ; il n'y a personne en Europe qui le puisse égaler. »

Puget aimait Marseille, sa patrie, avec enthousiasme. Comme par son affection pour son art, il était toujours entraîné en Italie par les séductions qu'exerce cette belle contrée sur les imaginations vives, ardentes, il ne pouvait y être retenu néanmoins par la vogue de ses ouvrages et par les avantages pécuniaires dont il y jouissait. Marseille le revoyait bientôt dans ses murs, discutant avec des administrateurs peu capables de l'apprécier, les plans d'embellissement qu'il était forcé de leur soumettre, faisant du reste bon marché de ses intérêts, pourvu qu'il lui fût permis de décorer sa chère patrie de quelque merveille de plus. C'est ainsi que l'église de l'hospice de la Charité, le bel édifice du quartier des Acoules, dit aujourd'hui la *Halle-Puget*, plusieurs grands hôtels, etc., construits par lui, vinrent embellir successivement la noble cité marseillaise. Combien d'autres plans tracés de sa main dénotèrent dans Puget le grand architecte! S'il ne fut appelé qu'à exécuter un petit nombre d'entre eux, ceux-là sans doute qui exigeaient le moins de génie et de dépense, on ne doit pas moins lui tenir compte de tous les autres qu'il a conçus et dont la réalisation aurait accru sa gloire, en même temps que la splendeur de sa ville natale ou d'autres cités de la France.

Gênes, où Puget passa plusieurs années, fut pour lui comme une seconde patrie. Il s'y était établi lors de la disgrâce du surintendant Fouquet; il y vécut entouré de la considération des plus grandes familles : leurs palais, ainsi que les églises de Gênes, sont décorés aujourd'hui encore de ses plus beaux ouvrages. Telles sont, la statue colossale du *Bienheureux Alexandre Sauli*, et celle de *S. Sébastien*, dans l'église de Sainte-Marie de Carignan; le groupe de l'*Assomption*, de l'hospice dit l'*Albergo dei poveri* (Auberge des pauvres); la *Vierge* du palais Balbi; celle du palais Carréga; la statue de *S. Philippe Néri*; le tabernacle et les anges en bronze doré de l'église de Saint-Cyr; l'autel de Notre-Dame des Vignes; le groupe de l'*Enlèvement d'Hélène* du palais Spinola. Puget sculpta, pour le duc de Mantoue, un magnifique bas-relief représentant l'*Assomption de la Vierge*. Ce grand artiste, aussi pieux qu'habile, était prieur de la confrérie de l'*Annonciade* de Gênes, lorsqu'on reconstruisit une des chapelles de cette église sous le titre de Saint-Louis. Puget en composa tous les dessins, et paya lui seul la moitié de la dépense. En rehaussant ainsi par d'éclatants honneurs la gloire du plus saint de nos rois, Puget était heureux de travailler encore pour la France.

Cependant Colbert, sollicité, dit-on, par le Bernin, s'empressa de rappeler un artiste qui illustrait sa patrie à l'étranger d'une manière si distinguée. Mais au lieu de l'appeler à Paris, il le nomma *directeur de la décoration des vaisseaux*, à Toulon, avec trois mille six cents francs d'appointements. Puget jouissait à Gênes de l'existence la plus brillante. La maison Doria l'avait chargé de la construction d'une église paroissiale dont les dessins étaient déjà tracés. Les familles Sauli et Lamellini le gratifiaient chacune d'une forte pension et lui payaient en outre chèrement ses ouvrages. Le sénat venait de le choisir pour peindre la salle du grand conseil. Rien ne put cependant le retenir. Arrivé à Toulon (1669), après un séjour de sept à huit ans à Gênes, Puget fut sur-le-champ employé par le duc de Beaufort, amiral, à la décoration du vaisseau-commandant (*le Magnifique*, de cent quatre canons), celui-là même que montait ce brave marin dans la malheureuse expédition où il perdit la vie (25 juin 1669). Les travaux de la marine, auxquels il se livra avec zèle, ne l'empêchèrent pas de travailler pour les églises et les particuliers. Puget, à qui la fierté de son génie faisait aimer les figures de grande proportion, put se donner un libre essor dans la composition des poupes, des galeries et des vaisseaux de haut-bord. C'est à lui que la marine française doit la richesse et la beauté de l'arrière de ses grands bâtiments. On conserve avec respect à Toulon, comme modèles, des figures bien entendues et d'un grand aspect, faites par lui pour plusieurs vaisseaux. Puget avait projeté la construction d'un arsenal : ce projet important flattait sa passion pour l'architecture. Aucun genre de bâtiment ne convenait mieux à un génie de cette trempe. Ses plans étaient approuvés, une salle d'armes était déjà construite, lorsque des concurrents jaloux de la gloire de ce grand homme, mirent le feu à la partie déjà élevée ; tout devint la proie des flammes ; par suite d'autres machinations, le projet fut abandonné. Navré de douleur, Puget sollicita sa retraite, et revint dans sa chère ville natale pour ne plus la quitter désormais.

Son premier soin fut d'y construire une maison, où il s'établit avec sa famille. Cet édifice, situé à l'angle de la rue de Rome, est surtout remarquable par le caractère religieux de sa décoration. Dans l'architrave, et dans une portion de la frise, au-dessus de la fenêtre du premier étage, est taillée une niche ronde où était un buste du Sauveur du monde, remplacé aujourd'hui par une copie. Dans la frise est tracée encore cette inscription : *Salvator mundi*, *miserere nobis;* et dans le couronnement qui surmonte la corniche de la porte-fenêtre du balcon, on lit cette devise, dont Puget paraît avoir fait la sienne : *Nul bien sans peine.*

Ce fut dans cette maison qu'habita le grand artiste, tout entier à son art, aimant surtout à parer sa ville natale de ces monuments qui font encore sa gloire et sa beauté. En 1673, les échevins lui demandèrent un écusson aux armes de France, soutenu par deux anges-enfants, destiné à décorer le portail de l'hôtel-de-ville. Puget, heureux d'orner sa patrie des productions de son ciseau, exécuta ce groupe pour le prix de quinze cents livres, somme inférieure à ses déboursés. Ce fut vers cette même année 1673, que Puget, pour s'exercer sur un sujet convenable à la vigueur de son génie, composa son fameux groupe colossal de *Milon de Crotone.* « Aucun sujet, dit M. Eméric David, ne pouvait mieux convenir à la sculpture, et aucun n'était mieux approprié au génie particulier de Puget, que celui de Milon déchiré par un lion. Son ciseau plein de feu trouvait dans une scène si dramatique, l'occasion de développer tout ce qu'il possédait de force et de grandeur dans le style, de vivacité dans la pantomime, de chaleur et d'énergie dans l'expression des affections les plus passionnées de l'âme. Aussi l'art de la sculpture, qui a produit, sans contredit, des ouvrages plus achevés, n'en a-t-il enfanté aucun qui saisisse le spectateur avec autant de promptitude et qui le touche plus profondément. Ce groupe, qui n'avait été commencé que pour la jouissance personnelle de l'artiste, obtint une juste réputation avant même d'être terminé. Le Nôtre, ayant eu occasion de le voir, en fit un si digne éloge à Colbert, à Louvois et au roi lui-même, que Puget reçut l'ordre de le terminer et de l'envoyer à Versailles. La caisse qui le renfermait y arriva au printemps de l'année 1683, et fut ouverte en présence de Louis XIV et de sa cour. Plusieurs historiens ont rapporté l'exclamation échappée à la reine Marie-Thérèse à l'instant où la figure se trouva dévoilée : « Ah ! le pauvre homme ! » Ce cri de la pitié ne fut pas le seul éloge donné dans cette occasion au chef-d'œuvre de la sculpture française [1].

Puget, comme on le voit, n'avait point quitté sa retraite pour venir solliciter des louanges à Paris ; il était demeuré au milieu de ses travaux tandis que son ouvrage venait former le plus bel ornement des jardins de Versailles. Louis XIV, ravi de la beauté du

[1] Le groupe de *Milon* est aujourd'hui au Louvre.

Milon, chargea Louvois de demander à Pujet quelque autre groupe qui pût servir de pendant à celui-là et de s'informer en même temps de son âge. La réponse de l'artiste offre une fidèle image de son esprit et de son caractère[1]. Il propose d'abord son groupe d'*Andromède* auquel il avait déjà travaillé pendant cinq ans. « Je suis dans ma soixantième année, dit-il ensuite au ministre, mais j'ai des forces et de la vigueur, Dieu merci, pour servir encore longtemps. Je suis nourri aux grands ouvrages; je nage quand j'y travaille, et le marbre tremble devant moi, pour si grosse que soit la pièce. » Suit une description abrégée de quelques travaux dont Puget a conçu l'idée pour l'embellissement de Versailles; puis oubliant l'*Alexandre Sauli*, le *S. Sébastien*, le *Milon*, et tant d'autres figures, il ajoute avec la candeur qui le distingue : « Toutefois, monseigneur, avant que de penser à aucun autre ouvrage, je crois, sauf votre bon plaisir, qu'il faudra attendre que mon *Andromède* soit posé à sa place; et j'espère qu'alors vous serez plus persuadé de ma suffisance (capacité). » Louis XIV, en effet, lui fit demander le groupe d'*Andromède*, qui fut placé dans le parc de Versailles en 1685. Puget ne quitta pas plus Marseille cette fois qu'il ne l'avait fait

[1] Cette réponse est du 20 octobre 1683.

lors de l'envoi du *Milon*. François, son fils, architecte lui-même, vint présenter ce monument au roi. Le monarque, en adressant, dans cette occasion, à ce jeune fils, l'éloge de son père rapporté plus haut, honora dignement l'artiste dont le génie concourut puissamment à la gloire de son règne. Cependant, l'accueil flatteur que reçut Puget lui-même lorsqu'il fut présenté au roi, la médaille d'or que lui donna ce prince, l'amitié de Le Brun, qui, loin d'envier ses succès, fut un de ses plus chauds admirateurs, son éloge fait par le Bernin à Louis XIV, tout cela ne lui procura pas les avantages qu'il aurait dû en retirer. Le prix qu'on lui donna pour plusieurs de ses statues, entre autres pour le *Milon* et l'*Andromède*, le dédommagea à peine des dépenses qu'elles lui avaient coûtées.

Traversé par l'intrigue et la jalousie, Puget ne fut point assez heureux pour voir exécuter ses vastes projets d'embellissement de Versailles, ni ceux qu'il avait proposés pour une statue équestre de Louis XIV, destinée à la ville de Marseille. Dégoûté par des tracasseries que son caractère ardent lui rendait insupportables, il vivait retiré à Marseille, au milieu d'un petit cercle d'amis choisis et d'amateurs des beaux-arts, cultivant la sculpture pour son plaisir et se livrant à la musique, qu'il aimait aussi avec passion. Tout entier au besoin de s'unir à ses concitoyens par de nouveaux liens, il bâtit une maison dans un jardin situé hors de la ville[1]. Il y construisit une chapelle, où il établit une fondation pieuse. Le milieu de l'emplacement était occupé par des plantations. C'est dans cette habitation que Puget passa ses dernières années, travaillant sans cesse, léguant de nombreux ouvrages à la postérité, et trouvant dans les arts et dans l'amitié ses plus douces consolations. Son casin de la rue Fontgate, animé par sa présence, était devenu le temple de tous les beaux-arts. C'est là que ce grand homme, l'honneur de sa patrie et la gloire de l'école française, cessa de vivre, après une courte maladie, le 2 décembre 1694. L'énergie de sa main se soutint jusqu'à la fin de sa carrière. Peu de jours avant sa mort, il s'occupait encore à terminer son admirable bas-relief de *la Peste de Milan*, dernier ouvrage de sa retraite, et, malgré son état d'imperfection, l'une de ses productions les plus remarquables[2].

« Puget, dit l'un de ses biographes, comme tous les

[1] Vers les rues *Fontgate* et de la *Pallun*.

[2] Cet admirable ouvrage, commencé par M. de la Chambre, curé de la paroisse de Saint-Barthélemi de Paris, se voit à Marseille, dans la salle du Conseil de la santé.

hommes doués d'un génie original et irrégulier, a été diversement apprécié. Ceux qui ont cherché dans ses ouvrages la pureté des contours antiques, n'ont voulu y reconnaître rien de bien, par la raison qu'ils y ont rencontré rarement ce goût exquis et cette correction achevée. D'autres, frappés de ses écarts, mais étonnés de la vérité qu'il inspire dans les méplats des chairs, l'ont appelé le *Rubens de la sculpture*. D'autres enfin, admirant la variété de ses talents, sa fierté, sa grandeur, sa pathétique expression, l'ont surnommé le *Michel-Ange de la France*. Aucun de ces rapprochements n'est parfaitement exact : Puget ne ressemble à personne. Les chairs que forme son ciseau sont pénétrées d'une chaleur dont l'art de Rubens n'approche point, malgré la magie de ce grand peintre. Recherche-t-on dans la sculpture l'expression des affections de l'âme, Puget se montre au moins l'égal de Michel-Ange, et peut-être il le surpasse. Considère-t-on plus particulièrement la noblesse et l'élégance du style, Michel-Ange, au contraire, est supérieur à Puget. Dans la peinture, celui-ci soutiendrait rarement la comparaison. Michel-Ange est grand par son savoir; Puget doit davantage à son organisation; tout, ou presque tout, en lui, est le produit du sentiment. Ses émotions le dirigent plutôt que la théorie de l'art : on peut même douter qu'il se soit jamais fait une théorie ; mais son âme élève son ciseau, parce qu'elle est elle-même forte et élevée. Dans la composition de ses tableaux, il est généralement simple : il se livre aussi, moins habituellement que dans la sculpture, à son effervescence naturelle.... Si une affection vive le rend à lui-même, en reprenant son caractère propre, il retrouve sa grandeur. Il redevient expressif et touchant dès qu'il s'abandonne à la nature. Quant au coloris il n'a aucune manière habituelle. Tantôt il offre dans ses teintes une lucidité, une finesse qui rappellent ce que le Cortone présente de plus brillant ; tantôt il est gris et monotone ; tantôt au contraire, son pinceau déploie une richesse de tons, une force de clair-obscur dont le Caravage, ou le Guide dans ses meilleurs ouvrages, offrent à peine des exemples.... Dans la sculpture comme dans la peinture, il varie son style avec ses sujets. Mais il a souvent le tort de ne pas apporter assez de sévérité dans le choix de ses modèles. Avide du grand par une disposition naturelle, il recherche en même temps la vigueur des formes pour rendre plus facilement l'énergie des affections de l'âme ; et dans ce désir d'atteindre à une expression vive, il sacrifie souvent l'élégance à la force. La nature lui paraît belle aussitôt qu'elle est ample et robuste. En ce qui concerne ses incorrections, elles n'atteignent jamais les lignes centrales de ses figures. L'ensemble en est toujours juste; les mouvements en sont toujours précis. De là cette apparence de vérité qui saisit dès qu'on les aperçoit, malgré ce qu'elles peuvent offrir d'incorrect. Si dans la violence de l'expression, un muscle trop contracté s'écarte de sa position naturelle, l'imitation de la chair produit, même dès ce moment, une illusion qui dédommage de l'altération des formes : la beauté se place encore à côté du défaut. Un des caractères distinctifs de Puget, c'est la disposition qui le porte vers des sujets tragiques. Plus la scène est pathétique, plus son génie, qui se retrouve dans son élément, s'élève et acquiert de nouvelles forces; si dans une semblable occasion, la grandeur du style s'unit à la chaleur de l'expression, comme dans le *Milon*, il touche, il étonne, il devient sublime. C'est sous cet aspect qu'il faut juger ce grand maître pour l'apprécier dignement. Quand on se place avec lui à cette hauteur, on lui pardonne ses imperfections, parce qu'on reconnaît que le génie peut difficilement s'élever si haut sans acheter sa sublimité par quelques écarts [1]. »

[1] Emeric David.

Mansart (ARCHITECTE).

1645. — 1708.

JULES HARDUIN dit MANSART, premier architecte et surintendant des bâtiments du roi, naquit à Paris l'an 1645. Il était fils de J. Harduin, premier peintre du cabinet du roi, qui avait épousé une sœur de l'architecte François Mansart, l'inventeur de cette sorte de toiture brisée dite de son nom *mansarde*. Sous la direction de son oncle, le jeune Hardouin fit de rapides progrès dans l'architecture. Il voulut dès lors porter son nom comme pour lui témoigner sa reconnaissance. C'est sous ce nom de *Mansart* que l'illustre architecte du château de Versailles et de l'hôtel des Invalides est passé à la postérité.

Doué d'un esprit délicat et de manières agréables, le jeune Mansart plut singulièrement à Louis XIV, qui le chargea des travaux d'architecture les plus importants de son règne. Ce choix honorable, à une époque où la faveur du monarque faisait les renommées, est la principale cause de la grande réputation dont il a toujours joui. On a reproché à Mansart, non sans quelque raison, d'avoir entretenu dans Louis XIV ce goût pour les bâtiments qui l'entraîna vers tant de dépenses et de profusions. Peut-on nier cependant que la grandeur, la magnificence des bâtiments ne contribue sous certains rapports à la gloire d'un règne? Quoi qu'il en soit, Mansart concourut à la splendeur du règne de Louis le Grand par les beaux travaux qui ont immortalisé son nom. Les châteaux de Marly, de Clagny et du Grand-Trianon, la maison de Saint-Cyr, la place Vendôme, la place des Victoires à Paris, Notre-Dame-de-Versailles, les châteaux de Dampierre, de Vanvres, de Lunéville, etc., furent construits ou élevés par ses soins. Mais les deux plus grandes œuvres de Mansart, celles qui mirent le sceau à sa réputation, furent le château de Versailles et l'hôtel des Invalides de Paris. Rarement un artiste se vit chargé presque en même temps d'entreprises si grandioses. Il s'agissait de construire un palais pour le plus grand monarque de l'Europe, en n'épargnant rien pour le rendre digne de l'hôte illustre qu'il devait recevoir. Mansart se mit à l'œuvre, et soutenu par le désir de plaire au roi son maître, il construisit ce magnifique palais de Versailles qui, avec les délicieux jardins dont l'entoura

Le Nôtre, fait aujourd'hui l'orgueil de la France et l'admiration des étrangers. D'immenses sommes furent sans doute employées à sa construction, mais peut-être les a-t-on exagérées... Une noble et patriotique pensée a fait de nos jours, de cette splendide demeure de nos monarques, le vaste musée des beaux souvenirs et des gloires de la France.

Grâce au génie de Mansart, digne interprète de la pensée d'un grand prince, on vit s'élever non loin du Champ-de-Mars cet autre palais où les débris vivants de nos armées, les vétérans de notre gloire trouvent enfin, au milieu de l'appareil belliqueux qui doit leur plaire, l'asile et le repos qu'ils ont si bien mérités. Déjà Henri IV avait eu l'idée d'un hôtel royal des Invalides, mais c'était Louis XIV qui devait en la réalisant ajouter un éclatant rayon à la splendeur de son règne. L'hôtel des Invalides, commencé l'an 1671 sur les dessins de Libéral Bruant, fut continué sous la direction de Mansart. L'habile architecte modifia les plans, et, après trente années de travail, vit enfin briller dans les airs ce majestueux dôme, l'œuvre de son génie, digne couronnement d'un édifice qu'allaient orner bientôt avec la plus noble émulation les Lebrun, les Coustou, les Parroul, les Coysevox, les Coypel, les Boullongne, les Jouvenet, les Lafosse... Sous ce dôme, gardien des cendres de Turenne et de Vauban, reposent aujourd'hui, près de ces deux héros, les restes de l'empereur Napoléon, sous la garde des vieux soldats qui l'ont suivi autrefois sur les champs de bataille.

Le dôme des Invalides sera toujours regardé comme la plus belle création du génie de Mansart, et l'un des plus beaux monuments de notre capitale. Pendant que ce grand artiste l'élevait dans les airs, l'architecte Wzen élevait à Londres le fameux temple de Saint-Paul. Ce fut donc en quelque sorte une noble rivalité qui produisit l'immortelle coupole des Invalides. Louis XIV récompensa Mansart par le cordon de Saint-Michel, dignité dont aucun artiste, excepté Le Nôtre, n'avait encore été honoré. Le roi le nomma en outre premier architecte et surintendant des bâtiments, arts et manufactures (1699). En cette qualité, Mansart se montra le protecteur de l'Académie de peinture, fit rétablir l'exposition des tableaux des académies, interrompue depuis quelque temps. Les grands travaux dont il fut chargé, la haute faveur dont il jouit constamment auprès de Louis XIV, lui firent acquérir une fortune très-considérable. Mais le puissant crédit de Mansart à la cour devait lui attirer des envieux. Ils ne manquèrent pas de lui faire sentir leurs atteintes, et ne négligèrent rien pour détrôner le favori du grand roi. Un jour, dit-on, Louis XIV ayant gratifié Mansart d'une obligation de cinquante mille francs, ses ennemis parvinrent à s'emparer furtivement du billet, et s'efforcèrent de persuader au roi que l'artiste avait fait un vil et coupable usage de cette somme entière. Mais l'architecte sut prouver son innocence, et Louis XIV lui fit remettre aussitôt une somme égale à celle dont on l'avait si injustement dépouillé. Mansart eut donc le rare bonheur de vivre constamment honoré, recherché au sein d'une cour où le vent de la fortune était pour tant d'autres volage et inconstant. Il dut ce bonheur, moins peut-être à ses talents, qu'à son esprit, à son adresse à flatter les goûts du roi son maître. On ne peut nier néanmoins que cet illustre architecte ne fût doué d'un génie fécond, d'une conception pleine de noblesse et de grandeur. On lui reproche justement un style peu châtié et certaines licences qui n'ont pas toujours l'avantage de produire la beauté. Mansart mourut presque subitement à Marly, le 11 mai 1708. Il fut inhumé dans l'église de Saint-Paul, à Paris, sa paroisse. Son tombeau, œuvre de Coysevox, transféré pendant la révolution du siècle dernier au musée des monuments français, a été replacé en 1808 dans l'une des églises de la capitale.

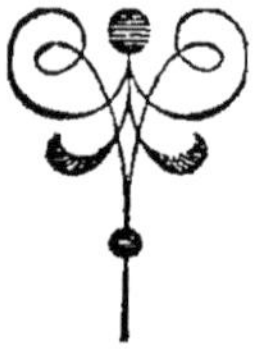

Coustou (les) (SCULPTEUR).

1656. — 1733.

Coustou (Nicolas), habile statuaire, né à Lyon, le 9 janvier 1656, apprit les premiers principes de son art sous son père, qui était sculpteur en bois, et vint à Paris à l'âge de dix-huit ans, recevoir des leçons plus savantes de Coysevox, son oncle. Il remporta le grand prix de l'Académie à l'âge de vingt-trois ans, et fit le voyage de Rome avec la pension du roi. Il s'appliqua principalement dans cette ville à étudier les ouvrages de Michel-Ange et de l'Algarde, et il y fit la copie de l'*Hercule-Commode* que l'on voit dans les jardins de Versailles. Comme l'original porte quelques-uns des caractères qui décèlent déjà l'époque de la décadence de l'art, Coustou se crut permis de ne s'y pas attacher servilement. Après trois ans d'absence, il revint à Paris, et vit son talent recherché. En 1693, l'Académie le reçut dans son sein. Un bas-relief de marbre représentant *la joie des Français lors du rétablissement de la santé de Louis XIV*, fut son morceau de réception.

L'ouvrage le plus important de Coustou fut alors le groupe qui représente la *jonction de la Seine avec la Marne*. Ces deux figures ont neuf pieds de proportion, et sont accompagnées de figures d'enfants qui tiennent les attributs de ces rivières. Ce morceau capital, d'abord destiné aux jardins de Marly, est à présent aux Tuileries.

On voit encore, dans le même jardin, quatre ouvrages de cet artiste, deux *Retours de chasse*, la statue de *Jules César*, et surtout le *Berger chasseur*. On estime moins les deux chasseurs qu'il avait faits pour le jardin de Marly. L'un vient de terrasser un sanglier et est prêt à lui donner la mort : l'animal est une belle imitation du sanglier antique de Forenco. L'autre tient un cerf par le bois et va lui plonger le couteau dans la gorge. On blâme le costume de ces deux figures ; on y retrouve un goût français trop opposé au goût pur de l'antique ; mais on retrouve le talent de Coustou dans le groupe de *Tritons* qui décore la cascade rustique de Versailles ; on l'admire encore plus dans la descente de croix, qu'on appelle le *Vœu de Louis XIII*, et qui était placée au fond du chœur de Notre-Dame, à Paris. C'est, suivant Dandré-Bardon, un chef-d'œuvre qui renferme tout ce que le grand caractère de dessin et le majestueux pathétique de l'expression ont d'intéressant. On voyait aussi du même artiste, dans cette église, un *St-Denis* en marbre, et le crucifix élevé au-dessus de la grille du chœur.

C'est de lui qu'est le tombeau du prince de Conti, qu'on voyait autrefois dans le chœur de l'église de St-André-des-Arcs, et celui du maréchal de Créqui, aux Jacobins de la rue St-Honoré.

Il fit pour la ville de Lyon la figure en bronze de la *Saône*, de dix pieds de proportion, qui ornait le piédestal de la statue de Louis XIV. Cet artiste a travaillé jusqu'à l'âge de soixante-seize ans, et le dernier de ses ouvrages, que la mort ne lui a pas permis de terminer, est l'un des plus estimés. C'est un bas-relief en médaillon, représentant le *Passage du Rhin;* on le voyait autrefois à Versailles, dans le salon de la guerre : il est maintenant au musée des monuments français, ainsi que plusieurs autres de ses ouvrages.

Coustou a fini sa carrière laborieuse le 1er mai 1733. Il s'est distingué par l'esprit de ses conceptions et l'agrément de son exécution. Ses formes ont de la pureté; mais on ne trouve pas dans ses ouvrages le caractère sage de l'antique ; on pourrait lui reprocher de s'être trop pénétré du goût français, et d'avoir eu plus d'agrément que de grandeur.

Cousin de Constamine, de Grenoble, a publié l'éloge de Coustou, à Paris, en 1737.

Coustou (Guillaume).

1678 — 1746.

Coustou (Guillaume), frère de Nicolas, naquit à Lyon, en 1678, fut élève de Coysevox, et surpassa son frère. Parti pour Rome avec la pension du roi, des tracasseries l'empêchèrent d'en jouir.

Avec un talent encore naissant, il fut obligé de travailler pour vivre dans cette capitale des arts, où les artistes les plus distingués avaient de la peine à fixer l'attention. Les dernières ressources lui manquaient ; il se disposait à partir pour Constantinople, lorsqu'il fut recueilli par Le Gros ; il travailla, sur le modèle et sous les yeux de ce grand maître, au bas-relief de *S. Louis de Gonzague*.

De retour à Paris, il donna, pour sa réception à l'académie royale, *Hercule sur le bûcher*. C'est à Marly, sur la terrasse, à la tête de l'abreuvoir, que se voyaient les derniers et peut-être les plus beaux de ses ouvrages. Ce sont deux groupes, dont chacun est composé d'un cheval qui se cabre et d'un écuyer qui le retient. Ces deux groupes sont actuellement à l'entrée des Champs-Elysées. Le même artiste, quelques années auparavant, avait fait le groupe en marbre de l'*Océan* et de la *Méditerranée*, qui décorait le tapis vert des jardins de Marly.

On peut regarder comme un ouvrage capital la figure en bronze du *Rhône*, de dix pieds de proportion, qui décore actuellement le vestibule de l'hôtel-de-ville de Lyon. On voit de Guillaume Coustou, dans la chapelle de Versailles, un bas-relief placé sur l'une des portes de la tribune royale. Il représente *Jésus-Christ dans le temple au milieu des docteurs*.

C'est Guillaume qui a terminé le *Passage du Rhin* commencé par son frère, et qui était placé dans le salon de la Guerre. Le fort Tholus, désigné par une tour embrasée, se dessine légèrement sur le fond ; un génie portant le casque du monarque paraît d'un côté ; de l'autre, la victoire couronne le héros. Ces deux objets, traités dans une progression raisonnée de relief, soutiennent le saillant de la figure principale, tandis que celle du fleuve, placée sur le site le plus avancé, soutient elle-même le groupe où le roi domine, et s'accorde en même temps avec le champ du bas-relief, où elle parvient par la médiation des accessoires qui l'environnent. Si, dans cet ouvrage, les talents de Guillaume sont associés à ceux de François, il a fait seul le beau bas-relief qui décore la porte des Invalides. Louis XIV, à cheval, est accompagné de deux vertus assises aux angles du piédestal ; les saillies, d'un relief léger, sont en contraste avec des parties entièrement isolées. C'est par la magie des oppositions que le ciseau a judicieusement contrebalancé cette unité de plans qui jette de la monotonie et de l'ennui dans certains bas-reliefs. La noble simplicité de celui-ci, débarrassée des détails minutieux qui appauvrissent les effets en les multipliant, dévoile que l'auteur, ami de l'antique et de la nature, a perfectionné, par l'inspiration de celle-ci, les principes puisés dans l'autre. On estime, dans cet hôtel, les figures en pierre de *Mars* et de *Minerve*, ouvrages du même statuaire, ainsi que les figures d'*Hercule* et de *Pallas*, à la principale porte de l'hôtel de Soubise.

Entre les morceaux qui assurent à Guillaume Coustou un rang distingué, on place encore le fronton du château d'eau vis-à-vis le Palais-Royal; il y a représenté la *Seine* et la *fontaine d'Arcueil;* il a aussi décoré la grande chambre du palais de justice d'un bas-relief où l'on voit Louis XV entre la *Justice* et la *Vérité*. On voit de lui, au musée des monuments français, la statue en marbre blanc de Louis XIII. Ce laborieux statuaire est mort à Paris le 22 février 1746.

(Coustou Guillaume.)

1716. — 1777.

Coustou (Guillaume), fils du précédent, né à Paris en 1716, fit le voyage de Rome avec la pension que le roi accordait aux élèves qui remportaient les premiers prix.

A son retour, il aida son père dans l'exécution des groupes de chevaux. Il fut reçu à l'académie en 1742. Cette compagnie le nomma professeur en 1746, puis recteur et enfin trésorier. Le roi lui confia ensuite la garde des sculptures déposées au Louvre. Il entreprit en marbre, pour les jésuites de Bordeaux, l'*Apothéose de S. François-Xavier*, au même prix qu'ils offraient pour la faire exécuter en simple pierre de Tonnerre. Il resta longtemps sans occupation, jusqu'à ce que le roi de Prusse l'eût chargé de plusieurs ouvrages.

La mort du dauphin, père de Louis XVI, lui procura l'occasion d'exercer ses talents à l'érection du tombeau de ce prince. On a encore de cet artiste un bas-relief en bronze de la *Visitation* dans la chapelle de Versailles; la figure de *S. Roch* dans l'église de ce nom, etc.

Coustou fut peu laborieux. On ne lui conteste pas l'invention de ses ouvrages; mais on sait qu'au moins pour l'exécution, il se reposait sur des sculpteurs habiles que le défaut de fortune obligeait à lui vendre leurs talents.

Un nommé Dupré, qui est mort obscur, a eu beaucoup de part aux derniers ouvrages de Coustou; c'est lui qui a sculpté entièrement le fronton de Sainte-Geneviève.

Au moment où une maladie grave ne laissait aux amis de Coustou aucun espoir, M. d'Angevillier obtint pour lui le cordon de Saint-Michel, qu'il lui porta lui-même. Il succomba le 17 juillet 1777.

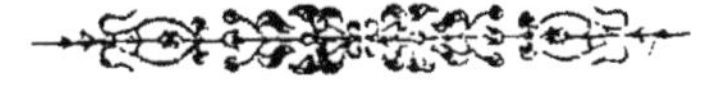

Soufflot (ARCHITECTE).

1714. — 1781.

Jacques-Germain Soufflot, l'immortel architecte de la basilique Sainte-Geneviève, naquit en 1714, au bourg d'Irancy, près d'Auxerre, de parents riches, qui lui donnèrent une éducation brillante. Son père, lieutenant au bailliage de cette ville, dirigeait les études de son fils vers la même carrière; mais le jeune homme manifesta de bonne heure un goût si décidé pour les bâtiments, qu'il eût été imprudent autant qu'inutile de vouloir contrarier sa vocation. Tout enfant encore, on le voyait s'extasier devant un beau monument; la simple coupe d'une pierre fixait son attention. Oubliant tous les jeux, tous les plaisirs de son âge, il suivait les maçons, les charpentiers, liait conversation avec les architectes, les questionnait et souvent les étonnait par sa sagacité précoce. Son père, désespérant de vaincre ce penchant irrésistible, prit le sage parti de l'encourager. Il donna à son fils les meilleurs maîtres ; il l'envoya ensuite se perfectionner en Italie.

Soufflot s'arrêta surtout à Rome, dont il étudia avec soin les monuments. Il appelait l'Italie le *Paradis des artistes*. Le désir d'acquérir des connaissances plus étendues dans son art l'entraîna jusque dans l'Asie Mineure, où les débris d'une civilisation antique offrirent à ses regards d'utiles sujets d'observation. Revenu en Italie, il obtint la protection de M. de Saint-Aignan, ambassadeur de France, qui le fit admettre au nombre des pensionnaires du roi à Rome. Soufflot avait déjà passé trois ans dans cette capitale, lorsqu'il apprit que les Chartreux de Lyon se proposaient de reconstruire leur église : il leur envoya le plan d'un dôme. Son esquisse fut trouvée si parfaite, que la construction du dôme, suivant le dessin de Soufflot, fut unanimement décidée. Plus tard, dans la maturité de son âge et de son talent, ce grand architecte aimait à dire : « L'ouvrage qui a commencé ma célébrité, est peut-être celui qui l'a justifié le mieux. »

A son retour d'Italie, Soufflot, s'arrêta plusieurs années à Lyon, où son mérite connu le fit charger de travaux importants. Il construisit successivement l'hôtel du change, la salle de spectacle, l'une des plus belles de France, et enfin l'hôtel-Dieu de cette ville, le plus grand, le plns magnifique de l'Europe. Cet ouvrage mit le sceau à la réputation de Soufflot. Quand on contemple sur les quais du Rhône ce splendide et vaste monument, on est tout surpris d'apprendre que ce palais est l'asile de la souffrance et de la misère. Alors on bénit la cité charitable qui s'est montré si grande, si généreuse envers ses pauvres, ses malades; et on admire l'artiste dont le génie a si bien su répondre aux intentions des pieux Lyonnais. L'hôtel-Dieu de Lyon, par la noblesse, la simplicité, la commodité et l'élégance de sa construction, en même temps que par son étendue et sa salubrité, doit être regardé comme un véritable modèle d'architecture. Heureuse la cité qui sait ainsi bâtir, pour les pauvres de Jésus-Christ, des palais comparables aux demeures des rois!

Soufflot vint enfin à Paris, où il fut élu membre des académies de peinture et d'architecture. Louis XV lui donna le cordon de Saint-Michel, le nomma contrôleur, puis intendant général des bâtiments de la couronne. L'habile architecte poursuivit ses travaux dans la capitale : il construisit l'hôtel du duc de Lauzun, au faubourg du Roule, le château d'eau de la rue de l'Arbre-Sec, l'orangerie du château de Ménars, le trésor, la grande sacristie de Notre-Dame. On construisit sur ses dessins la grande et belle chaire de cette cathédrale, l'école de droit, etc. En 1757, la construction de la basilique de Sainte-Geneviève fut en quelque sorte mise en concours. Soufflot présenta le plan d'une église en forme de croix grecque, avec une coupole et un portail semblable au portique du Panthéon de Rome, quoique non copié sur lui. Ce plan fut adopté; l'heureux architecte dirigea aussitôt la construction du hardi monument créé par son génie. En 1764, Louis XV, entouré d'un brillant cortége, vint poser la première pierre d'un édifice qui devait surpasser en magnificence tous ceux qu'on admirait dans la capitale. Mais Soufflot ne put élever la basilique que jusqu'à la naissance du dôme. Il essuya, au sujet de ce dôme, des critiques amères et de vives contradictions, qui empoisonnèrent ses derniers jours. Les hommes qu'il avait le plus affectionnés, et qui lui devaient le plus de reconnaissance, étaient devenus ses ennemis, ses envieux [1]. Soufflot n'eut pas la force de résister à tant d'injustes

[1] L'Ecole de droit de Paris, plus juste envers Soufflot, a par une délibération solennelle donné à tous ses descendants, porteurs de son nom, le privilége de suivre *gratuitement* les cours de la faculté. On sait que la belle rue perpendiculaire à Ste-Geneviève s'appelle la *rue Soufflot*.

tracasseries ; sa santé dépérit par degrés. Atteint d'une maladie de langueur, il mourut pieusement à Paris, entre les bras de l'abbé de l'Epée, son ami (29 août 1781). Il fut inhumé dans la vieille église de Sainte-Geneviève. Il avait composé lui-même son épitaphe qu'on a placée au bas de son portrait, et qui le peignait fidèlement :

« Pour maître dans son art il n'eut que la nature ;
» Il aima qu'au talent on joignît la droiture :
» Plus d'un rival jaloux qui fut son ennmi,
» S'il eût connu son cœur, eût été son ami. »

Soufflot joignait en effet à un talent éminent les plus belles qualités. Il était d'un désintéressement extrême, ce qui ne l'empêcha point de laisser une grande fortune à son frère et à ses sœurs, et des legs considérables à quelques amis, entre autres à Joseph Vernet, son exécuteur testamentaire. Doué d'un caractère vif et brusque, il avait néanmoins le cœur aimant, noble, généreux. On l'appelait *le bourru bienfaisant*. Sa passion pour l'architecture ne lui avait point fait négliger la peinture, la statuaire et même la littérature. Il avait traduit en vers, avec autant de grâce que de précision, plusieurs morceaux du poëte Métastase, et il a laissé quelques ouvrages sur son art. Mais l'immortelle gloire de Soufflot est dans le magnifique temple que son génie éleva à l'antique patronne de Paris, dans cette sublime coupole qui domine la capitale et commande les regards.

Longtemps, dans les jours de discorde et de ruines, l'œil s'est affligée de ne plus voir rayonnante dans les airs la croix qui couronnait le saint édifice. Le pieux fidèle s'attristait de ne pouvoir plus lire sur le fronton du portail son ancienne inscription, remplacée par la profane dédicace : *Aux grands hommes, la patrie reconnaissante!* Mais le nom païen de *Panthéon* vient d'être effacé du catholique édifice; le voyageur ne peut plus dire que la sainte patronne de Paris n'a point de temple dans la capitale. Cette chère basilique a enfin revu toutes les pompes du culte; les chants sacrés retentissent sous ses voûtes, si longtemps froides, nues et muettes; les fidèles peuvent se réunir et prier dans l'enceinte rendue à sa grande et première destination, et Paris, si souvent protégé, tant de fois sauvé par la vierge de Nanterre, peut rendre encore à la sainte bergère, sa libératrice, un culte public et solennel de reconnaissance et d'amour.

Canova (SCULPTEUR ET ARCHITECTE).

1747 — 1822.

Terminons cette galerie si incomplète par un coup-d'œil sur le plus célèbre sculpteur des temps modernes, sur un artiste honorable, dont la gloire, toute récente encore, se lie à notre histoire contemporaine.

Antoine Canova naquit en 1747, à Possagno, village de l'ancien Etat vénitien, de parents d'une condition médiocre. Après s'être fait connaître par plusieurs prix remportés à l'académie des beaux-arts de Venise, il fut, en 1779, appelé à Rome, où ses relations avec les personnages les plus distingués dans les sciences et les arts lui fournirent les moyens d'épurer son goût et d'acquérir de nouvelles lumières. Canova produisit successivement plusieurs ouvrages qui le mirent bientôt au premier rang des sculpteurs, et dans lequel il sut allier l'imitation de la nature avec les beautés idéales de l'antique.

Son groupe de *Thésée assis sur le Minautore vaincu* (1783) avait commencé la grande réputation de cet artiste. Parmi la foule des chefs-d'œuvre qui l'étendirent depuis constamment, on peut citer le mausolée de *Clément XIII*, dans la basilique de Saint-Pierre ; le mausolée de *Clément XIV*, en marbre, à Rome, dans l'église des Saints-Apôtres ; *Psyché enfant*, debout, tenant par les ailes un papillon posé dans sa main ; les mausolées d'*Alfieri*, dans l'église de Sainte-Croix, à Florence ; de *Washington*, pour le sénat de la Caroline ; les mausolées du *prince Ferdinand II de Prusse*, de l'*amiral Nelson*, de *Marie-Christine archiduchesse d'Autriche* ; la *Madeleine repentante*, de la galerie Sommariva ; le groupe de *Jésus mort*, *la Ste Vierge et Marie-Madeleine ;* la statue colossale de *Pie VI*; le buste de *Pie VII*, etc., etc.[1].

Canova, appelé à Paris par Bonaparte, premier consul, y fut reçu avec honneur ; l'Institut le mit au rang de ses associés étrangers. Il revint à Paris, en 1815, en qualité d'ambassadeur du pape, pour présider à la reconnaissance et à la translation des monuments italiens qui décoraient le Louvre et que réclamait le gouvernement pontifical. Il ne s'acquitta que trop bien de sa mission, ce qui lui fit donner par un diplomate

[1] Canova a produit un très-grand nombre d'autres ouvrages. On doit reprocher à cet illustre artiste de n'avoir pas toujours respecté les lois de la décence, non-seulement dans ses travaux profanes et mythologiques, mais encore dans ses sujets religieux.

connu par la causticité de ses bons mots, le nom d'*artiste emballeur*. Canova visita ensuite l'Angleterre. A son retour à Rome, où il rapportait tant de trésors ravis par la guerre à la capitale du monde chrétien, il fut accueilli avec une faveur universelle. L'académie de Saint-Luc se porta tout entière à sa rencontre. Le pape Pie VII le reçut en audience solennelle, lui remit, de sa propre main, le diplôme de son inscription au livre d'or du Capitole, et le créa marquis d'Ischia, avec une dotation de trois mille écus romains. Canova, chevalier romain, prince perpétuel de l'académie de Saint-Luc, membre de l'Institut de France, réunit toutes les dignités auxquelles peut aspirer l'artiste.

Honoré et vénéré par ses concitoyens, aussi bien que par les plus hauts personnages des diverses nations d'Europe, il vit s'écouler sa carrière aussi heureuse, aussi brillante, aussi dorée que celle d'aucun autre homme de génie. Il mourut à Venise, en 1822, dans les sentiments de la plus vive piété. Sa mort fut un deuil pour toute l'Italie, qui rendit à sa mémoire des honneurs extraordinaires. A Rome surtout, elle donna lieu à la cérémonie la plus auguste, la plus pompeuse et la plus imposante qui ait eu lieu à la gloire des arts depuis la mort de Raphaël.

Canova était digne à tous égards de sa renommée et de sa gloire. Cet artiste, plein de feu, d'énergie et de grâce, qui eut le secret de donner à toutes ses statues un charme indéfinissable, joignait les plus nobles qualités de l'esprit et du cœur à un admirable talent. Il avait une humeur égale, un caractère généreux, bienfaisant, qui lui fit trouver dans tous les grands personnages avec lesquels il vécut, des protecteurs et des amis. Il a fait constamment le plus digne usage de la faveur dont il jouissait et de la fortune considérable acquise par les œuvres de son génie. Pendant une des années désastreuses de l'occupation française à Rome, les aumônes de Canova s'élevèrent, dit-on, à la somme de cent-quarante mille francs. Il ne craignit pas, dans plus d'une occasion, de parler à Napoléon avec une noble indépendance.

Lorsqu'il fut chargé de faire le portrait de Marie-Louise, il dit à Napoléon : « Je suis venu pour satisfaire Sa Majesté, afin de pouvoir retourner à Rome et reprendre mes travaux.

— Mais, dit l'empereur, Paris est à présent la capitale du monde ; il faut que vous demeuriez ici, et vous ferez bien.

— Vous êtes maître de ma vie, Sire ; mais s'il plaît à l'empereur qu'elle soit employée à son service, il faut qu'il m'accorde de retourner à Rome quand j'aurai terminé les travaux pour lesquels je suis venu. On m'a parlé de faire le portrait de l'impératrice, je la représenterai sous les trait de la Concorde. »

L'empereur sourit avec bienveillance et répliqua : « Ici est le centre, ici sont tous les chefs-d'œuvre antiques. Il ne manque que l'*Hercule Farnèse* qui est à Naples. Je me le suis réservé.

— Que Votre Majesté, reprit Canova, laisse au moins quelque chose à l'Italie : les monuments antiques forment collection et chaîne avec une infinité d'autres qui ne se peuvent transporter ni de Rome ni de Naples. D'ailleurs, le peuple romain a un droit sacré sur les monuments découverts dans les entrailles des fondations de Rome; c'est un produit intrinsèquement uni au sol, tellement que ni les familles nobles, ni le pape Pie VII lui-même, ne peuvent vendre ni envoyer au dehors cet héritage du peuple-roi, cette récompense donnée par la victoire à leurs pères.

— Monsieur, je vous prie, comment est l'air de Rome ? était-il mauvais ou malsain dans les temps anciens ?

— Je me souviens d'avoir lu dans Tacite, à propos de l'arrivée de Vitellius, que beaucoup de soldats tombèrent malades pour avoir dormi à l'air sur le Vatican ;

mais Rome a d'autres douleurs, continua l'illustre artiste, cette capitale est désolée depuis l'absence du Pape.

— Semez du coton, reprit l'empereur, nous ferons Rome capitale de l'Italie, et nous y joindrons Naples : qu'en dites-vous? serez-vous content?

— Les arts pourraient ramener la prospérité; la religion favorise les arts. Chez les Egyptiens, chez les Grecs et les Romains, Sire, la religion seule a soutenu les arts. Les travaux des Romains portent le sceau de la religion. Cette salutaire influence sur les arts les a encore sauvés en partie des ravages des barbares. La religion qui est plus particulièrement et plus magnifiquement leur protectrice et leur mère, c'est la vraie religion, notre religion catholique romaine. Les protestants, Sire, se contentent d'une simple chapelle et d'une croix, et ne donnent pas occasion de fabriquer de beaux objets d'art. Les édifices qu'ils possèdent ont été faits par les autres. »

L'empereur s'adressant à Marie-Louise, et l'interpellant, s'écria : « Il a raison; les protestants n'ont rien de beau. »

Canova refusa constamment les offres brillantes de l'empereur pour le fixer à Paris, et il ne profita de sa faveur auprès de lui que pour le déterminer à quelques sacrifices, afin d'améliorer la situation des académies de Florence et de Saint-Luc à Rome. Canova se montra toujours attaché à la religion et à la prospérité de sa patrie. Ce grand homme de foi pratique, après avoir consacré une grande partie de sa fortune au profit de l'art et des artistes, légua par son testament une somme considérable pour l'achèvement et l'entretien d'une église dont il avait doté le village de Possagno, lieu de sa naissance. Tels étaient le désintéressement et la bienfaisance de Canova, que lorsqu'il voulut, à la fin de sa vie, élever l'église de Possagno, ses ressources se trouvèrent insuffisantes, et qu'il fut obligé de reprendre ses travaux les plus profitables, avec cette fatigue à laquelle condamne seule l'indigence. Aussi bien n'était-ce point une modeste église de village : c'était un magnifique temple que le généreux artiste avait entrepris d'élever à Dieu sur sa terre natale. Un voyageur fait une description gracieuse de cet édifice, dont la dépense a été, dit-on, d'un million :

« L'apparition du pompeux monument de l'art au sein de la nature sauvage, au milieu de bois et de rochers, est merveilleuse. Le portique, de huit colonnes d'ordre dorique ancien, cannelées, est celui du Parthénon, le vestibule celui du temple de Thésée, la coupole celle de la rotonde. Cette église, consacrée à la Sainte Trinité, a été bâtie sur les dessins de l'architecte vénitien Selva, mais qui ont été plus d'une fois rectifiés et changés par Canova... Lorsqu'on réfléchit à la destination de l'édifice, il est difficile de ne pas éprouver quelque émotion; ce temple grec dans un village des Alpes, ce monument consacré à Dieu par un seul homme, doit lui servir de tombeau, et il l'a érigé au lieu de sa naissance. La gloire de Canova est ici plus touchante; ce sculpteur européen s'y montre seulement citoyen et chrétien. Aucun monument des villes ne sera jamais ni plus national ni plus populaire que le temple de ce hameau... Les habitants venaient d'eux-mêmes aider les deux à trois cents ouvriers qui chaque jour y étaient employés; les jours de fête, de grand matin, hommes, femmes, jeunes gens, vieillards, riches et pauvres, animés d'un même zèle, le curé en tête, et tous chantant des hymnes sacrés, allaient dans la montagne voisine chercher le marbre destiné à la construction du temple; ils le traînaient en triomphe, et dans leur enthousiasme rustique ils avaient écrit sur leurs chariots les mots : RELIGION, PATRIE. Canova, qui s'était rendu à Possagno, commanda des traîneaux à l'usage des jeunes filles chargées de transporter les matières légères; ces jeunes filles, au nombre de quelques centaines, s'y attachaient joyeusement deux à deux..... Une indemnité de mille livres avait été accordée par Canova aux filles de Possaguo pendant la durée des travaux. Son frère a perpétué depuis cette générosité. La fondation de l'église de Canova est comme une magnifique, une éternelle aumône faite par lui à son obscure et pauvre patrie [1].

Canova, suivant son désir, fut inhumé dans l'église de Possagno. Le tombeau en marbre du fondateur de ce splendide monument est très-simple; il a été élevé par son frère l'évêque de Mindo. Heureux l'artiste chrétien, dont le corps repose ainsi à l'ombre d'un temple construit par ses soins, dans l'attente du jour de la résurrection, où rejoignant dans l'église du ciel l'âme qui lui fut unie, il viendra partager son bonheur et sa gloire!

[1] Valery, *Voyages en Italie.*

FIN.

TABLE

FIN DE LA TABLE.

— Lille, typ. L. Lefort. 1859. —

Volumes in-18 chez le même éditeur.

Pratique des vertus chrétiennes. fig.
Premier Plaidoyer religieux, ou dogme de la Confession.
Princesses (les) de France, modèles de vertu et de piété. 2 vol.
Prisonnier (le) de Russie, par l'auteur des *Youlofi*. 2 vol. fig.
Prix (le) de Sagesse, par l'auteur de la *Famille Luzy*. fig.
Réconciliation (la). 2 vol. fig.
Réné, ou de la véritable source du bonheur. 2 vol.
Retour de l'enfant prodigue, ou dialogue sur la pénitence. 2 vol.
Retour (le) en Savoie. fig.
Robert, ou le Superstitieux éclairé.
Rosario; suite des *Solitaires d'Isola Doma*. 3 vol. fig.
Rosée (la) de Mai, ou Marie, consolatrice des cœurs affligés. fig.
Route (la) du Ciel; pensées pour chaque jour du mois. fig.
Sabine. 2 vol. fig.
Sacrifice (le) de l'Autel; par M. Guillois, curé au Mans. 2 vol. fig.
Sage (le) dans la solitude. fig.
Saints (des) Anges, et en particulier des Anges gardiens.
Sélim, ou le pacha de Salonique. fig.
Sentiments chrétiens, ou paraphrases diverses des livres saints.
Séraphine, ou le catholicisme dans l'Amérique septentrionale. 3 v. fig.
Serviteurs (les) vertueux, ou vie de la bonne Armelle et de J. Cochois.
Silva, ou l'ascendant de la vertu, par l'auteur de *Lorenzo*. 2 vol. fig.
Sœurs (les) jumelles, ou la vocation 2 vol.
Solitaires (les) d'Isola Doma. suite de *Silva* et du *même auteur*. 2 v.
Soirées (les) artésiennes. 4 vol.
Soirées (les) du Presbytère. fig.
Souffrances et Résignation. fig.
Sourd-muet (le). Nouvelle. fig
Souvenirs d'Italie. 3 vol. fig
Souvenirs d'Angleterre et considérations sur l'Eglise anglicane. 2 v. fig.
Stéphane et Félicie, ou considérations sur les Sacrements. 2 vol.
Suisse et Italie, ou voyage de Paris à Naples. 2 vol. fig.
Suites funestes de la lecture des mauvais livres. 2 vol.
Suzanne, ou l'atelier des orphelines, par l'auteur de *Thérèse*. fig
Tableau de la naissance du protestantisme, par M. l'abbé P.*** fig.
Thérèse, ou la pieuse ouvrière. fig.
Traits édifiants recueillis de l'histoire cclésiastique. 4 vol.
Traits remarquables, recueillis des premières années du 19e siècle.
Trésors (les) de la grâce, suivis de traits historiques. 2 vol.
Triomphe (le) de la piété filiale. 2 vol.
Triomphe (le) de l'humilité, ou vie du B. Benoît-Joseph Labre.
Trois (les) Amis; par l'auteur de Réné. fig.
Trois condamnés à mort: Colin, Druon et Friedlander. 2 vol. fig.
Troisième Plaidoyer religieux, ou les avantages de la confession. fig.
Un Ange de la terre, ou notice sur la vie et la mort de J. Daymé. fig.
Un Maître d'école. 2 vol. fig.
Une Enfant de Marie, ou notice sur la vie et la mort de M.elle ***
Une famille française chez les Iroquois. 2 vol. fig.
Une histoire contemporaine. 2 vol. fig.
Une pensée pour chaque jour; extraites de saint François de Sales.
Vacances (les), ou lettres de quelques jeunes personnes. 2 vol.
Valentin, ou le jeune Menuisier faisant son tour de France. fig.
Variétés instructives et morales. 2 vol.
Veillées (les) du village, ou dialogues sur divers sujets. 2 vol.
Veillées (les) amusantes. fig.
Véritable (la) Sagesse, ou les sept dons du Saint-Esprit. fig.

www.ingramcontent.com/pod-product-compliance
Ingram Content Group UK Ltd.
Pitfield, Milton Keynes, MK11 3LW, UK
UKHW020553180726
13838UKWH00001B/225